有效管理

一位管理实践者的成长笔记

李顺军 ◎著

EFFECTIVE MANAGEMENT
Growth Notes of a Management Practitioner

机械工业出版社
CHINA MACHINE PRESS

图书在版编目（CIP）数据

有效管理：一位管理实践者的成长笔记 / 李顺军著 .
北京：机械工业出版社，2025.2（2025.7 重印）. -- ISBN 978
-7-111-77451-8

I. F272

中国国家版本馆 CIP 数据核字第 2025MB2917 号

机械工业出版社（北京市百万庄大街 22 号　邮政编码 100037）
策划编辑：许若茜　　　　　　　　　责任编辑：许若茜　孙　旸
责任校对：王　捷　李可意　景　飞　责任印制：刘　媛
三河市宏达印刷有限公司印刷
2025 年 7 月第 1 版第 5 次印刷
170mm×230mm・15.5 印张・3 插页・176 千字
标准书号：ISBN 978-7-111-77451-8
定价：89.00 元

电话服务　　　　　　　　　网络服务
客服电话：010-88361066　　机　工　官　网：www.cmpbook.com
　　　　　010-88379833　　机　工　官　博：weibo.com/cmp1952
　　　　　010-68326294　　金　书　网：www.golden-book.com
封底无防伪标均为盗版　　　机工教育服务网：www.cmpedu.com

推荐语

顺军有一天给我看了他的"管理日记",这些鲜活的管理实践与具体而微的管理思考,恰恰是管理学界所缺乏的。这本书开了企业实践者出版此类作品的先河。本书有很多深入实践泥淖的体悟和发现。真正的管理,不是复杂的管理体系和理论模型,而是深入实践的触感。

——田涛,华为公司管理顾问

李顺军先生的这本书是他管理企业的实践心得,虽然并不是系统的理论研究,却是不可多得的第一手的实践思考,也是只有通过扎实的管理实践才能呈现出来的成果。作为华为的管理顾问,我一直跟踪研究华为,深知扎实的实践与强大的执行力是推动华为发展的关键。像本书这样的实践著作,值得从事管理工作的实践者借鉴和学习。

——吴春波,中国人民大学教授、博士生导师,

华为公司管理顾问

顺军从一名非常普通的基层员工成长为管理层，如今成为一家企业的创始合伙人，一直持续思考、总结实战管理心得，非常难得。这本《有效管理》记录了顺军在管理实践中日进百里、毅行不懈、持续深化自己对管理的认知的过程。不仅对致力于学习管理的人有很大价值，顺军的成长历程，在当前的经济环境下，尤其值得每个规划自己长期职业发展路径的年轻人思考。

——肖知兴博士，领教工坊创始人及致极学院创办人

李顺军的管理理论水平很高，读书很认真，我曾经多次目睹他在一些管理经典著作上做大量批注，其用功之深、阅读之广，超过很多管理学教授。

李顺军成名很早，很年轻时就在管理咨询领域崭露头角，成为中国知名的管理咨询公司华夏基石的高级合伙人。而后他转战实业，直接操盘一家企业，后来这家企业成了知名的连锁企业，这本《有效管理》就是他实践的思想精华。

——赵向阳博士，北京师范大学经济与工商管理学院副教授，
《大变局下的中国管理》三部曲作者

华夏基石一直致力于帮助中国企业成长，拥有一批深入企业实践的咨询专家。顺军作为华夏基石的高级合伙人，一直扎根于具体的企业实践，总结、沉淀他的管理思考，不断贡献管理思想。这本书就是他管理企业的思考结晶，对企业实践管理有重要的借鉴和启发意义。

——彭剑锋，中国人民大学教授、博士生导师，
华夏基石管理咨询集团董事长

本书作者是实际从事企业经营管理工作的企业创始团队成员和企业领导者，实践经验丰富，同时喜好钻研管理思想和理论。本书是作者管理经验升华结晶的产物。作者从企业各个场景的特定问题出发，思考、探讨解决问题的途径和方法，必要时举一反三，上升为具有普遍意义的理念和理论。本书内容丰富，细节丰满，质感较强，值得向从事经营管理实务的企业家、管理者，以及对管理感兴趣者推荐。

——施炜，管理学博士，华夏基石管理咨询集团领衔专家，
中国人民大学中国资本市场研究院高级研究员

《有效管理》这本书中的很多细节展现了本质洞察、实战经验和心路历程，应该说是一本很好的管理手册和一面很好的商业实践镜子。作者在参考顶尖企业和企业家范式之后，从很多专业角度给出了深入浅出的具体指导，这是很难得的一种表达方式，借鉴范式并超越教条。同时，本书体现出的同理心很强，老板权责、学者思维、员工视角兼备，加之作者拥有的身为长期成功领导者的实践经验和教训，相信可以给苦恼于管理无序的读者带来真实价值。

——周掌柜，知名商业战略专家，欣孚智库首席顾问，
英国《金融时报》中文网专栏作家

管理是一种实践，但真正的管理高手绝不会轻视"纸上谈兵"与深度思考的价值。明眼人会发现：眼下，思想力正成为企业家的核心竞争力，学习力正成为企业家精神新的核心特质。

因此，想在管理方面有所精进的人，应该优选这样的作者与著作：真实坦率，兼具实践深度与思考深度，保持开放性与自我更新。

打开本书你会发现，作者就属此列。这是一位优秀管理者一手的学习笔记与思考成果，相信会给有志于成为优秀管理者的读者带来诸多启示与收获。

——陈为，正和岛总编辑

顺军兄一边实践一边做研究，在经营企业的同时保持阅读和思考。最难能可贵的是他一直保持本真状态，直面问题与自我，不装、不端。这本书是他这么多年实践与思考的精华，是实践的手感和本真的状态相结合的产物，这种没有经过修饰的直接输出，有其不完备的地方，却是最真挚的表达。

——宋劲松，华夏基石管理咨询集团高级合伙人、副总裁，
华夏基石商学院执行院长，华夏基石e洞察总编辑

"真诚、务实、锐利、广博、有趣、有料、有效"，这便是《有效管理》给我的深刻印象。捧读此书，仿若与作者促膝长谈，能真切感受到顺军的精神气质扑面而来，跃然纸上。当今，管理学伴随商业世界的蓬勃发展，已演变成一片广袤无垠的知识丛林，相关理论观点纷繁复杂，书籍更是浩如烟海。在这片知识的汪洋中，如何让管理学理论切实指导实践，使知识成功转化为生产力，成为众多从业者面临的关键挑战。对驰骋商场的职业经理人和勇敢无畏的创业者而言，《有效管理》恰似精准无误的罗盘，为他们在管理工作的茫茫大海里指引方向，助力其精准探寻适合自身的发展路径，实现管理效能的最大化与事业的稳步攀升。它远不只一本普通的笔记，还是一部凝聚着深厚管理智慧结晶与丰富实践心血的珍贵宝典。书中精心梳理的管理经验、深入剖析的实战案例以及高屋建瓴

的战略思考，都为读者提供了全方位、多维度的管理视角与可操作性极强的行动指南。无论是团队建设的微妙艺术，还是战略规划的宏伟蓝图；无论是激励机制的精巧设计，还是沟通协调的高效策略，都在书中一一呈现，使读者在领略管理魅力的同时，收获满满的实践干货，从而在管理的征程上披荆斩棘、一往无前。

——刘书博，中央财经大学商学院战略系副教授

顺军的这本新书，既是对管理实践的自我总结和反思，也是对管理本质的认知与探索，希望这本书给其他管理者也能带来参考和启发。

——宁向东，清华大学经济管理学院教授

管理是一门关于实践的科学。和其他畅销书不同，这本书并非刻意提炼某种管理理论，而是把日常管理工作的随感编辑成册，用最真实的方式展现了一名管理实践者的成长。

——李梁梁，哈佛企业学习（中国）总经理

自 序

本书的由来

这么多年来,我一边管理着企业,一边总结沉淀一些管理思考,同时不断地学习各种管理理论,也出版了一些管理著作,但从来没有想过出这本书。这本书是我2018年到2023年这5年的管理笔记,我精选出了30多万字,最后出版社编选了一部分来出版。这些笔记是我每天结合实际管理情境写的管理日记,大多数会与团队共享,因此它必然会有不完整、不系统,甚至前后矛盾的地方,当然有些内容也会表达得过于绝对。

最终出版本书有以下两个原因:

第一,田涛老师的鼓励。一次与华为公司管理顾问田涛老师交流,聊到了我的管理笔记,他看了之后说这个应该出版,对管理实践者会有很大帮助,同时还可以填补企业实践者出版此类作品的空白。

第二，实践的洞见。管理是一门实践学科，而这些管理笔记就是由一个个实践中的体会、感受、反思构成的，它是实践的手感和手艺，也是一些实践中的灵感，更是实践中的管理洞见。因此，它与一般的管理书籍的不同，就在于它实践的闪光点——没有冗长的论述，也没有难懂的理论，更没有空谈。然而这可能也是它的缺点，就是缺乏系统性和翔实的论证。

因此，我必须做几点说明。

本书的两点说明

首先，这本书是写给实践者的。

只有带入实践情境，才能理解它的微妙触感，或者说只有在真实管理实践中摸爬滚打过的管理者，才能真正体会到它的意蕴和内涵。

它不是研究，也不是理论建构，它涵盖了在真实管理情境中的管理者会遇到的状态、困惑和难题，必然会涉及管理的许多主题，不像一本专著就论述某一个或某几个话题，它涉及在真实管理中的所有主题。因此，它显得庞杂，而又无法就某个主题深度研究，也会显得浅薄或粗鄙。但这些主题是我们在真实实践中必然会面对的，真实的管理不可能一次只处理一个或某几个主题，它可能涉及许多主题。因此，这本书就是通过这些庞杂的主题，展示一个个真实实践可能会面对、思考、感知到的问题，并总结出手艺的那个部分，启发大家思考，希望更多实践者围绕这些主题思考下去，甚至来反驳我的一些观点。

其次，真实的管理不需要高深的理论。

在实践中管理不需要多么复杂的论证、模型、数据，有时就是一种长期打磨后的手感，就是管理者的直觉。在实践中，你会发现有些管理者尽管不懂太多道理，但依然不妨碍他领导好团队。也有不少人，说起管理来头头是道，一管就一塌糊涂。真实的管理不需要高深和复杂的理论，只需要一些常识或简单的道理，关键是管理者如何把它做透做实。对真实的管理来说，做到比说到重要，懂一堆大道理不如把一个简单的常识实践好。

本书没有烦琐的论证、分析，就是一些实践感触的片段，就是一些简单的管理日常领悟。我也写过系统的管理论著，如《领导力就是不装》，但现在我意识到它有太多"废话"和"多余"。本书直击核心，化繁为简。

本书的三个重心

第一，微观管理。

市面上的管理书籍，基本都是在谈战略、组织、品牌、领导力，都很宏观，有些不但宏观，而且很"理论化"。而基于具体管理情境的微观管理书籍很少，本书大多是基于微观管理的思考。针对一个个具体而微的管理细节，如何去行动和面对，考验着管理者的基本功。可是这样的著作很少，这有两个原因：一是一些管理学家远离管理实践，他们沉浸在理论研究中；二是管理实践者没有时间或没有心思去写。我希望通过本书能为微观管理贡献一些力量，同时希望更多人能加入到微观管理的探讨中来——关于宏观管理探讨得够多了，甚至有些多余。

当然，不得不说，针对微观管理，本书也做得不够，在编选的过程中为了控制字数删去了一些案例和场景，因此难免会显得"理论化"。希望在下一本书里可以弥补这个缺陷，让内容更丰富、更细腻。

第二，基础管理。

一个组织的成功既离不开宏观的管理构想，也离不开微观的基础管理。也就是说，你既要关注战略、组织、领导力，同时还要关注如何开好一次会、如何有效沟通、如何激励员工、如何协调安排。

<u>相对而言，高质量的微观基础管理更为重要。因为它是支撑宏观管理构想的基础，也是组织发展的地基，尤其是在今天这个拼"内功"的时代。</u>如果没有高质量的基础管理，任何战略都难以实现，任何组织方式都无济于事，任何领导力都会成为无源之水。

本书就是基于微观的基础管理的探讨，所以它会显得琐碎、繁杂。可是管理实践者明白，我们大多时候的管理，就是在这些琐碎、繁杂的日常中度过的，用在宏观管理构想上的时间很少。甚至有些企业，毕生都在抓这些基础管理，慢慢培养出了战略眼光和领导力，他们自己都没有意识到。

第三，有效管理。

管理就是要有效，过程要有效率，结果要有效果。管理不是看你有多聪明、多有智识、学历多光鲜、懂得多少道理，而是看你能否带领团队打胜仗，有效性是一切管理的根本。本书着重探讨的话题就是管理的有效性，这也是本书被命名为"有效管理"的原因所在。

清华大学经济管理学院的宁向东教授在文章《谁是下一个圣人》里讲到，时代变了，未来需要知识劳动和情绪劳动，"这都需要新的管理学。这样的管理学，并不首先出于教授们的书斋和论文，而是起始于管理者的头脑"。我特别认同，实践者更多的有效管理，甚至"野路子"管理，才能真正推动管理创新和变革。

管理是真正的蓝海

领教工坊的创始人肖知兴老师说：管理是真正的蓝海。这点我极为认同。如今高速增长的时代已成为历史，市场红利退潮，企业进入大洗牌时期，只有拥有深厚"内功"和扎实基本功的企业才能穿越周期，成为新时代的胜者。而这些都得靠管理来实现，过往企业在高速增长时代里靠营销驱动、规模驱动的行为，必须让位给扎扎实实的管理，管理才是企业真正的蓝海。

<u>严谨一点说，扎扎实实地实践管理才是企业真正的蓝海。</u>因此，希望本书能起到抛砖引玉的作用，启发和激励更多企业管理实践者分享自己的细微体验，让更多实践认知碰撞，形成基于管理实践的思潮，丰富管理经验、管理思考、管理知识。

感谢

最后在这里对帮助我的所有朋友表示感谢。首先，感谢我们公司的所有伙伴，有他们的支持和成长，才有我管理实践的心得与成果；其次，感谢华为公司管理顾问田涛老师的肯定与推荐，有了他的肯定与推荐，才有了这本书的出版；再次，感谢华夏基石创始人彭剑锋老师、华夏基石新媒体总经理宋劲松先生、领教工坊创始人肖知兴老师、管理学家施炜老师、哈佛企业学习（中国）总经理李梁梁先生、华为公司管理顾问吴春波老师、北京师范大学赵向阳老师、正和岛总编辑陈为先生、中央财经大学刘书博老师、战略专家周掌柜先生、清华大学宁向东教授等的大力推荐；最后，感谢机械工业出版社的岳老师和许老师对这本书的认可和付出。

李顺军

2024 年 12 月 17 日于北京

目　录

推荐语

自　序

第一章　管理的奥义

　　1.1　管理初窥　　　　　　　　001

　　1.2　管理的真问题　　　　　　016

　　1.3　管理有套路　　　　　　　024

　　1.4　管理的反思　　　　　　　030

第二章　经营的法门

　　2.1　价值观与初心　　　　　　037

　　2.2　谈战略　　　　　　　　　044

　　2.3　生存与发展　　　　　　　051

2.4　夯实内功　　063

第三章　组织的准绳

3.1　组织的常识　　072

3.2　制度的威信　　086

3.3　秩序之下的活力　　097

3.4　对权力的约束　　106

3.5　团队的光芒　　116

3.6　"炸"掉人力资源部　　127

3.7　识人用人　　132

3.8　企业文化　　147

第四章　管理者的自我修炼

4.1　管理之道　　154

4.2　管理之术　　165

4.3　思考与决策　　175

4.4　学习与成长　　183

4.5　可贵的品质　　190

4.6　管理者的警钟　　203

第五章　管理的艺术

5.1　管理的功夫在管理之外　　213

5.2　洞悉人性　　220

5.3　管理的智慧　　227

第一章

管理的奥义

1.1 管理初窥

1.1.1 管理就是回归常识

有很多人说，管理就是回归常识！其实他们想说的是，做管理不要浮于表面，而要坚守一些基本的规律和本质。但很多人以为自己掌握的道理就是常识，实则不过是一些成见、偏见、谬误罢了。那这样的回归常识，就是走向错误的深渊。

管理不需要那么多复杂的理论。把一些基本的东西搞清楚、做到位，才能成就卓越组织，这才是真正的常识。**管理就是要回归常识、回归本质、回归人性，最终回归实践，这才是根本。**

那么这些基本的东西是什么？

（1）价值观修正——价值观也有错误和偏差，甚至落伍的部分，要不断修正，确保价值观的先进性。

（2）合理分配——合理的分配机制是一切管理的根基，不谈分配的管理就是"耍流氓"。

（3）激励到位——要搞清楚"晋升谁、淘汰谁、奖励谁、处罚谁"这几个核心问题。

（4）沟通流畅——指令要清，政策要明，少些潜规则；管理者要愿意聆听下属与客户。

（5）分工协作——分工确保职责履行到位，协作确保组织流畅。

（6）创新变革——业务和管理因时因势而变，不抱残守缺。

1.1.2　管理就是在无序中构建秩序

英特尔前CEO（首席执行官）安迪·格鲁夫说："在这个快节奏的世界中，管理者在'尽力给自己周围带来秩序'的同时，还需要'培养更好的容忍无序的能力'。"管理就是在无序中构建秩序。管理不是井井有条的，也不会按照你规划的既定方案发展——大多数战略规划最后都面目全非。管理经常面临混乱、烦杂、突发、临时性事件。

一些管理学家总喜欢用理性和秩序来归纳或演绎管理，因此他们会用详尽的分析、完美的模型、滴水不漏的逻辑来研究和思考管理。他们让管理变得简单，似乎按照他们的理论就能把管理做好。然而，任何管理理论都无法直接帮助管理者解决实际问题，它们只提供参考或思考的框架，应用时必须结合具体情境进行转化。他们又让管理变得复杂，管理者在实践中可能真的没工夫考虑那么多——真考虑那么多估计就无法行动了，有时必须边行动边思考。

我们必须警惕空谈道理和概念的管理著作。看不懂这样的文章和书籍，并不是实践者的问题，而是管理学家的问题。真正的管理并不是待在办公室里或钻进论文堆里搞出来的，只有深入现场，深入实际，付诸实践，才能真正了解管理。管理学家，尤其是学院派，他们带着"精英的傲慢"和"理性的自负"看待管理，往往不得真谛。

管理的本质是构建一种秩序，即创造一种和谐（这里不是指你好我好大家好，而是尽可能减少"山头主义和办公室政治"，聚焦于为客户创造价值）而又充分竞争的组织环境。这样的管理才能让组织高效运转，创造个体难以创造的价值和成果。

构建管理秩序的核心有以下两点。

（1）良好的愿景而非短浅的绩效追求。用利他思维构建积极愿景，成为有益于客户、员工和社会的组织，而非只是追求短浅的经济绩效。这需要回答三个问题：第一，对客户，是不是真正解决了客户的痛点和问题？第二，对员工，是不是让个体获得了成长和进步？第三，对社会，是不是有益于社会？

（2）领导者的"合法性"。领导者的威信是从团队中来而非从强制中来，如此才拥有真正的"合法性"。这需要明确以下几点：第一，领导者威信是岗位赋予的还是团队赋予的？前者自上而下，后者自下而上。团队赋予的威信才是真正的威信，基于信任和领导力。第二，领导者不因权力而猖狂，只有敬畏规则，同时谦卑做事，才能获得更多人的信赖。第三，以身作则胜于一切言说，领导者的行动而非理念或知识决定其领导力。

1.1.3 管理的两个关键：实践和总结

清华大学宁向东教授说：管理是用智慧解决问题，场景不同，环境不同，招法就会不同。

其实，商业世界很多问题的答案都蕴含在经验里，而不是理论里。管理是应用题，不断实践然后提炼总结出独到的见解，再应用到实践中，然后再反思提炼。这样的循环过程，能让我们总结出管理的规律和磨炼出管理的手感。因此，<u>管理有两个关键：实践和总结。只有在实践中不断总结，才能沉淀有效经验，成为管理高手</u>。

管理是一门实践的手艺，你得通过具体做事才能领悟其中的门道，掌握好火候。无论是领悟门道还是掌握火候，都离不开深度思考，并进行总结。很多管理者做了十几年管理，你发现他依然停留在最初做管理时的本能反应，毫无长进，这就是不总结的结果，因此他只能低水平重复。

管理总结的重要性体现在以下三点。

（1）管理者的三种技能——业务技能、人际交往技能和概念提取技能，通过总结可以训练概念提取的技能。

（2）培养思考自律。人有两大自律对个人成长非常重要，即身体自律和思考自律。身体自律通过运动养成，思考自律通过总结养成。

（3）形成思想影响力。通过总结形成有效思想，继而去影响团队、实践和现实，并让思想与思想互相碰撞、互相影响。

如何做管理总结？

（1）精益求精。总结内容不在多而在精，每个问题和要点要想透彻。

（2）自主思考。观点一定要经过自己思考得出。

（3）主题明确。要围绕一个个主题去思考。

（4）注重细节。思考要结合具体细节和情境展开。

1.1.4 管理是讲故事而不是讲道理

很多管理者喜欢讲道理、讲概念，总想用一套道理去给员工洗脑。在他们的认知里，管理就是讲道理，讲得越多，似乎管理得就越好。而如今的管理大词流行，跟这种认知极有关系，这是对管理最大的误解。讲道理、讲概念很难引发人的共鸣，也很难激发人的热情。真正能激发他人的是有细节的故事，讲领导者自己的故事、讲团队的故事、讲未来的故事、讲现实细节的故事……<u>管理者通过一个个由具体的细节、案例、事实构成的故事，去传承企业文化、树立管理标准、培养业务人才。一个真实的故事胜过一百个大道理，学会讲故事，才是有效管理的开始。</u>

1.1.5 管理没有统一模式

管理是一个整体性工作，只专注研究一个主题，是枯燥无味的，很容易陷入教条主义和本位主义——只站在自己熟悉的视角和自我立场看问题。研究战略的强调唯有战略才是企业存在的根基，研究领导力的只讲领导力可以根治一切，研究人力资源的只讲人力资源是企业的魂，研究市场营销的觉得市场营销才是企业发展的法宝，研究运营的认为运营才能让企业发展壮大，研究品牌的认为品牌才是企业的救世主……

<u>没有多元思维，只认定一种"真理"的行为本身就是愚蠢的。</u>众所周知，哲学是一切学科的基础，然而纵观整个哲学史，就是一个否定与批判的过程，如果苏格拉底讲的就是真理，那以后的人类岂不是没有进步！更何况产生于近现代的管理学，它更应是一个不断批判与推翻，否定之否定的过程。

判断一个人是否有水平，就看他讲话和做事有没有边界。认为自己讲得都对，做得都对，缺乏反思精神和难以接受反馈的人，缺乏基本的边界或范畴意识，基本上水平不高。真正的高手是菲茨杰拉德所说的：一个人能同时保有全然相反的两种观念，还能正常行事，是第一流智慧的标志。管理无法被切割成一个个部分，它是一个整体。做管理切忌非黑即白、非此即彼。管理就是任正非讲的"灰度"，明茨伯格讲的"手艺"。

管理没有永恒的真理，只有永恒的实践。

管理没有统一模式，没有对错，只有适合某一环境、某一团队状态的管理。管理一定是结合具体情境、具体思考、具体实践，不断推演而成的。一种管理方式不可能包治百病，因此管理者必须做到灵活应变。我喜欢华为的说法：<u>在今天这个混沌的时代，用规则的确定性来应对环境的不确定性，用过程的确定性应对结果的不确定性</u>。对很多企业来说，其面对的困境根本不是高大上的管理哲学问题，而是要把基本的管理常识想明白、执行到位，比如授权、职责划分。否则，企业大咖们的概念、哲学就会沦为空谈。他们的思想，只有在基础管理问题得到解决的前提下才有价值。做管理的人，切忌视角单一、思维狭隘，一定要多突破自己的思维局限，让视角多元化。

1.1.6　管理上没有最终的答案，只有永恒的追问

管理是一件手艺活，没有一劳永逸，只有在不断解决问题中管理才有价值。作为管理者，如果你发现你已经不再解决问题，那绝对不是工作中没有问题了，而是你自己停滞了成长和失去了发现问题的能力，相应地你也就失去了管理者应有的价值。

管理需要有强大的理论支撑，更需要精湛的实战练习。如此才能把握火候，针对具体的情境做出更科学的决策。在今天这个VUCA[①]时代，管理又面临巨大的挑战，原有的很多管理理论得结合具体的情境进行迭代，甚至很多管理假设都得重新升级。对一个研究与实践管理的人来说，这就需要下更大的功夫去深度思考、深度实践、深度反省，避免思维固化和自以为是，如此才能真正在管理这条道路上长久走下去。

斯图尔特·克雷纳所著《管理百年》的封面上有一句话："管理上没有最终的答案，只有永恒的追问。"这话听起来让人既绝望又兴奋。人们习惯追求确定的答案，但这句话告诉我们管理没有确定的答案，这必然令人绝望，管理要面对千变万化、永无止境的实践。但让人兴奋的是，管理永远有探索不完的新问题，就像自然探险家不喜欢平地和庸常，追求更高、更险是他们的使命。做一个管理探险家也不错哟！

1.1.7 管理的价值

"帕蒂·麦考德在《奈飞文化手册》一书中写道：我们试验每一种能够想到的，可以把团队从不必要的规则和审批中解放出来的做法。"这应该成为每个企业及每个管理者思考的话题或课题。这样的思考，才能把我们从过度管理中解放出来。很多时候，多余的管理动作、规则和审批，只会成为管理的障碍，也会增加企业的成本。管理的目的，一是提升效率，二是获得成果。如果做不到这两点，任何的管理都是多余的。

[①] VUCA 是英文 volatility（易变性）、uncertainty（不确定性）、complexity（复杂性）、ambiguity（模糊性）的首字母缩写。

<u>管理的价值，在于不断发现自己之前的管理都是错的！不断否定自己</u>，是管理的终极命题。<u>管理的价值不在理论中，而在实践中，在管理的实际运用中</u>。但凡那些不断强化肯定自己管理的组织，最终只有一个归宿：死亡。但凡组织觉得自己的管理很科学、很完善，就意味着它在自掘坟墓。《创新者的窘境》里有这样两句警言：一句是"就算我们把每件事情都做对了，也有可能错失城池"；另一句是"面对新技术和新市场，往往导致失败的恰恰是完美无瑕的管理"。在我看来，好的管理就是要善于不断推翻之前的管理实践，最后，你会发现，任何一项管理活动，都可以用与它相反的方法来做！

1.1.8 做好管理的几点心得

战略家周掌柜有如下总结，这也是做好管理的心得。

（1）科学的战略管理须建立在尊重人性规律的基础上，扭曲人性的竞争力不可持续；

（2）管理者应包容多元文化，否则组织就会被僵化反噬。

（3）思想自由是企业高质量决策的保障。

（4）战略管理战争化最终会带来人和公司的低效肌肉记忆，也是创新的天敌。

（5）企业家尊崇明哲保身的思想，动机来自恐惧和现代知识欠缺。

（6）贩卖管理鸡汤就是在逃避问题。

总之，我们需要提倡尊重人性、多元和自由的管理文化；战略管理需要剔除战争化、守旧思想和鸡汤相关误导。

对此我深表认同，并解读如下。

（1）科学管理一定不是把人当机器，只是简单的工作分析。即使一百多年前泰勒提出科学管理时，他在讲效率的同时也提到了"心理革命"，就是要在乎员工的心理感受。如今，很多企业只学到了科学管理中的追求效率，而忽视了人的因素，即使成功也是暂时的，这就是"扭曲人性的竞争力不可持续"。

（2）组织一定要允许多元文化的存在，不能"近亲繁殖"，否则必然僵化。

（3）没有自由的思想，一言堂或唯权威是从，那就不可能有充分的信息流动，决策的依据也就被限制，高质量的决策也就失去了保障。

（4）"市场就是一场战争"，这是很多企业的言说方式。这种你死我活的零和博弈，必然导致组织无法真正创新，而把防御和攻击别人当成了主业。

（5）过于恐惧明天或缺乏现代文明思维——自由、平等、尊重，就会自我设限，把控制和防御做到极致。

（6）把复杂的管理问题简单化，用一些鸡汤似的抽象概念或洗脑话语来传播所谓的管理大道，很容易把受众带向走火入魔的境地。

1.1.9　管理的两大根基：人文精神和永恒的实践

管理是通过他人来完成目标，同时也是一门实践的手艺。一方面要通过他人，这就具有了复杂性；另一方面是实践的手艺，这就具有了具体性。任何一门学科只要同时具备复杂性和具体性，那么它就很难形成"范式"⊖，即一套大家公认的模型、理论框架，也无法被抽象

⊖ 范式从本质上讲是一种理论体系、理论框架。在该体系、框架之内的理论、法则、定律，都被人们普遍接受。

成一套普遍的规律。因此，管理学没有一套放之四海而皆准的理论，只有解决问题的具体方法和实践。但我们又不得不学习管理学，这就要找到那个变化中不变的规则——管理的根基。

管理的根基有以下两点。

（1）人文精神。把每个个体都当成活生生的人来尊重，学习平等、民主等基本的现代文明知识。这样，我们才能对"他人"有充分的理解和认知，才不会把人当成经济人、工具人，管理才会有地基。

（2）永恒的实践。所有的方法、知识都要源于实践并指导实践，不能空谈理论或空想，远离实践的管理学都是"耍流氓"。

1.1.10 管理是持续地改进和优化

管理是持续地改进和优化，在继承的基础上升级。管理最怕的是总想改革，指望一个创新、一个活动就能让团队改头换面，这不但非常不现实，反而容易伤筋动骨。好的传统丢了，新的秩序又没有建立起来，这是非常可怕的，极易毁掉一个组织。在管理中，运动式的、革命式的行动要尽量杜绝，除非企业在生死存亡关头。管理活动一定要持续，持续地夯实、持续地精进、持续地优化。管理者不要幻想一招鲜、一语定乾坤，无论是完成业绩还是经营团队文化，都是持续地波浪式前进、螺旋式上升，起起伏伏、循序渐进。这个过程枯燥无味、琐碎不堪，却是管理的常态。在这个过程中，有三个操作的基本点：微调、纠偏、校准。

微调：不断结合企业战略、团队目标，调整行动策略、组织模式、人才结构等。

纠偏：管理中有一项重要的职能——控制，它就是一个不断纠偏的过程。基于组织文化和组织目标，不断纠偏以实现组织期待——组织想要达成的一种状态。

校准：基于标准或要求，深入现场发现问题、解决问题以达到甚至超越标准。想做好校准工作，管理者本人对业务标准要有深刻理解和高度认知。

在管理工作中，微调、纠偏、校准时时存在，它是管理的常态，也是管理的真实状态。

组织真正的成功一定是靠自己持续地微调、纠偏和校准，没有任何捷径可走。

1.1.11 他山之石：来自哈佛的管理理念

哈佛商学院企业学习·中国团队（简称"哈商中国"）的总经理李梁梁分享了他做哈商中国的一些感受和经历，以及对领导力的认知，我受益匪浅。以下是我们的交流及我的收获。

（1）不要把管理者当巨婴。李梁梁分享说，一些企业在培训时，会在会议室门口把参会人的手机收起来，目的是防止大家被手机分神。但其实不需要这样做，只要告诉大家，领导力由知识、技能和品格组成，品格里非常重要的就是自律！上课集中精力不被手机分神，这是自律非常重要的体现。很多时候，我们把管理者当巨婴，用一些外力去约束他们。我们也用一堆规则去抑制员工的积极性！我们非但不自知，还窃喜，约束越多越好！不要把管理者当巨婴，不要只是通过约束去激发他们最好的状态，领导力的培养要在品格上下功夫，这种培养才是可持续的。

（2）慷慨、正义和善良。2020年新冠疫情发生时，哈佛大学校长在通知学生撤离学校的邮件中写了这样一段话：没有人能够预知我们在未来几周会面临什么，但每个人都非常清楚，新冠病毒是在考验人性的善良与慷慨的程度，超越自我和摒弃个人利益的程度。在这个非我们所愿、前所未有的、复杂迷茫的世界里，请展现出我们最佳的品格和最体面的行为。这是一段极具人文精神的话，道出了人性的温暖与真挚。这也是领导力的关键！技能、工具、方法论永远无法让你真正获得领导力，人性深处的人文精神才能。

（3）相关性 vs 真因果。先举个例子：客户买钻头会干什么？是为了打孔吗？表面看是，其实是为了挂一幅画。客户只是用钻头完成他挂画的目标。钻头和打孔只有相关性，钻头与挂画才是真正的因果关系。所以我们要找到客户真正的待办事项——挂画！在实际运营中，我们经常被客户的表面需求带跑，而忽略了客户的真正需求。因此，我们要越过简单的相关性，找到客户需求背后的真因果。

（4）阻碍大企业创新的是企业的傲慢。哈佛有一个关于海尔的研究案例，提到海尔早期生产洗衣机，发现有人拿洗衣机洗菜，这样洗衣机就容易坏。海尔的做法是，提升洗衣机的质量，让客户洗菜也不容易坏。

哈佛教授通过这个案例谈企业创新。一般来说，一些企业尤其是大企业，它们会去教训客户，比如说你不能这样使用我的产品。海尔也完全可以这样做，但它没有，它在倾听客户，然后改进。"阻碍大企业创新的是大企业的傲慢！"教授说。真正以客户为中心，放下大企业的傲慢，企业才能持续创新。

（5）领导力就是点燃他人。某知名银行请了一家世界级的人力咨询公司，该公司提供了很多工具和方法论，但银行领导总感觉差点什么。他们找到李梁梁。李梁梁说，领导力培养的焦点是人，而不是工具和方法。哈商中国设计的学习项目中，会让学员去回想他们佩服的领导的特点和行为，以及他们自己的高光时刻。

有一家企业，李梁梁在访谈学员的时候，发现很多受访对象其实对公司有很大的不满，并不看好公司正在大力推行的变革创新。李梁梁团队把真实情况反馈给高层，而且告诉每个参与项目的业务负责人，希望他们听到一线真实的声音。李梁梁说他必须真诚地把这些真实的问题告诉高层，且必须在真实的世界中去解决问题。这一定是基于价值观在做事，否则很容易在甲方面前丢掉原则。最后高层领导被触动，为了一个发言改了三天稿子，这在这家企业是少有的现象。李梁梁团队的工作方式，也点燃了企业高层。

李梁梁说，领导力的本质是给予他人能量。跟李梁梁聊天，我也感觉自己充满了力量。点燃他人，激励他人，是领导力的内核。而这都离不开人心，不是依靠方法和工具就能解决的。领导力一定是基于对人心和人性的关照、理解、激发。

（6）腰杆挺直，不向世俗屈服。李梁梁说，他每年只能服务 10 个客户，今年婉拒了两家国内知名的互联网企业，多了服务不过来，团队成长也需要时间。他的业务求质不求量，希望把每一个项目做好。对他来说，最大的价值感，就是为客户带来改变。现在，客户甚至通过找关系来要求他们提供服务。他真的想去改变商学的面貌，腰杆挺直，不向世俗屈服。

他说："因为信才无畏。"

（7）一起研究。李梁梁邀请我跟哈商中国一起研究领导力，让我针对"领导力——培养员工"板块，跟哈佛的教授和全球感兴趣的实践管理者一起研究探讨。我备感荣幸，并坚信能为商学贡献自己的思考与实践。

李梁梁喜欢追问，他说不要停留在表象上，要深入思考本质，即魂——底层原理。李梁梁其他一些观点，也让我很受启发：

- 教育脱离情境，是没有意义的。把你讲的和他身处的情境连接起来，这样的教育才有效。
- 高质量的基础管理：目标设定—绩效追踪—绩效对话—团队辅导。
- 在变革中领导与成长。
- 高质量的基础管理形成组织能力，最终形成组织基因，这是别人无法复制和模仿的。战略可以被模仿，但高质量的基础管理很难被模仿。
- 很多时候出现问题，不是能力问题，而是思维问题。
- 知识、技能、品格，我们往往在前两者上下功夫，而忘掉了品格。
- 我们都说解决问题要对事不对人，其实不完整，既要对事不对人，也要对事对人。同样的事，针对不同的人，处理方法可能完全不一样。
- 教育的本质是思维方式的训练，比如因果思维，比如批判性思维（观察事实—提出假设—验证假设）。
- BLM（即业务领导力模型），底层逻辑是攫取与探索的平衡。

启发比较大的一点，就是案例教学，即通过具体案例去思考很多问题。我在概念上花的时间比较多，但对案例缺乏思考。接下来在管理上，要多在案例上下功夫。真正通过案例和情境去启发大家思考。

1.2　管理的真问题

1.2.1　管理的第一要务是选人

管理的第一要务是选人，把对的人放在对的岗位上，也就是吉姆·柯林斯所说的：先人后事。选管理者更是要务中的要务，代表着组织的核心文化诉求，是组织价值观的关键体现。人若选不对，不但事做不成，反而会破坏团队氛围，甚至破坏组织文化。

那么，如何选管理者？

第一，看情商。看他的抗压、抗挫能力以及感受、理解他人的能力。

第二，看价值观。价值观正不正决定了一个人能否领导好团队。正直是核心考量因素。

第三，看学习力。愿不愿接受新事物，愿不愿改变自己，愿不愿接受反馈。

第四，看行动力。能不能拿成果，是否具备豁出去的精神。

这四点综合起来，就能评判一个人的情商、自省力、学习力、行动力、责任心、影响力。

1.2.2　价值观高于一切

想做好一件事，或者想经营好一家企业，无法仅靠方法论、工具就实现。方法论和工具不可缺，但仅有它们很容易跑偏。价值观才是根本，价值观可以呈现你的初衷、原则、与人相处的模式，真正决定你能否做成事情和经营好企业。但价值观最容易被人忽视，因为它无形且短期内无法见效。价值观高于一切，人真正应该重视的是不断修正自己的价值观。管理的价值观是什么？

（1）以创造客户价值为中心。

（2）以成就员工为根本。

（3）以造福社会为使命。

（4）以组织进化为要务。

1.2.3 敬畏规则

在创业初期，企业大多靠领导者的个性、经验获得成功。而一旦进入成长期，领导者习惯于延续自己过往的个性、经验进行管理，甚至固化个性和经验，这就会给企业带来灾难，因为打江山易、守江山难，当初取得成功所依靠的个性和经验并不一定适合企业的成长期。由靠个性、经验管理，转变为靠规则管理，对企业发展至关重要。如果不能实现这一转变，企业将会随规模的扩张步入平庸甚至死亡。因此，**领导者收起自己的个性和经验，学会敬畏规则，是组织发展的根基**。

一个组织想要发展壮大，就必须从人治走向法治，即用制度驱动组织发展。而走向法治的关键，是让大家养成敬畏规则的习惯——给制度以神圣的地位，让制度威信大于领导威信。有制度而不执行，或者朝令夕改，会阻碍组织运转法制化，导致组织依然停留在经验、随意、个性的基础上，这样组织永远都无法持续发展。

1.2.4 管理水平不取决于技能，而取决于用心

真正高水平的管理，要深入实践，基于对实操细节的领会和深入思考，形成直观经验，再抽象成概念教导他人。还有将学到的概念跟实践中的直观经验联系起来，这种管理方法次之——先学概念和道理往往容易形成管理偏见。

比尔·坎贝尔是知名企业家、硅谷"创业教练"，谷歌、苹果的企业管理都受教于他。埃里克·施密特在《成就》一书里讲道："比

尔指导的内容和方法看起来简单，因为它们不过就是箴言式的句子。"如果去了解一下这位硅谷传奇的管理教练，很多人会惊掉下巴，因为他实在是太卓越了，而他本人又那么低调，实在令人难以置信。管理的水平不在于你的技能有多强、知识有多多、经验有多丰富，而在于你的出发点、用心度、务实度、对标准的追求以及达到目的的决心。

出发点：你为谁着想？为自己还是为下属？

用心度：你有多用心？迫于任务还是真心想做好？

务实度：真正沉下来，一件事一件事做明白，还是只浮于表面？

对标准的追求：对自己和团队的要求有多高？

达到目的的决心：一定要达到目的，还是尽力即可？

这几点都是正向的，如果不向这几点靠拢，仅停留于技能、知识、经验层面，是做不出成绩的。

1.2.5 如何解决管理的复杂性

管理面临复杂的人性、复杂的社会环境以及复杂的业务发展生态，运转过程中很容易陷入复杂而又无效的局面。

检验管理有效性有两个重点：效率和成果。<u>组织发展一定要想办法简化管理——怎么确保用更少的管理动作创造更多的成果。</u>简化管理有两个要点：价值观和分配。价值观的相对统一，会省掉很多管理上的麻烦，去掉多余且没必要的管理动作。分配问题是解决驱动力的根本，这个问题不解决好，再多的管理都是杯水车薪。

1.2.6 真实的管理

管理有真实的也有虚假的，稍不留神我们就会开展一些虚假的管理。虚假的管理的特点是含混不清或目标不明，并不能解决真正的问题。在真实的管理中，一定是要解决具体、细碎、烦琐的问题或进行变革，宏大的抽象思考只能是思考本身。真实的管理在执行中应重点关注：第一，是不是了解真实的问题；第二，目标是否清晰。不了解现实中真实的问题，不可能解决问题，变革就缺乏支撑。而目标不清晰，解决问题就没有力度，变革就没有方向。

管理并不是做惊天动地的大事。真实的管理就像搬砖，需要付出耐力、毅力、脑力甚至体力，重复把一件件小事做好，确保不出大事。它是有价值的重复，而非低水平重复。把管理美化成一种光鲜亮丽的行为，是对管理的亵渎。

在管理过程中，很大一个问题是我们是否敢于直面真问题。真问题是本质性问题、根源性问题，而不是表象问题或者不是问题的问题。真问题会让人难堪、沮丧、焦虑，因为它会触及利益和人性，解决这些问题一定会让某些人不舒服，甚至触动某些阶层的利益，所以很多管理者在面对真问题时，就和稀泥、搪塞、掩盖。比如：领导者带头违反制度和规则，级别越高的领导者越肆意妄为，你作为管理者敢不敢直面并去处理这个问题？或者，现有机制维护了你自身的利益，但伤害了组织利益，你会不会带头去变革？管理者在管理中不敢直面这些真问题，那管理就像隔靴搔痒，做再多努力都于事无补。

1.2.7 什么是有效管理

真正的企业管理，一定要回归目的，就是你做这件事的意义和价值；一定要回归本质，找到做事情的规律性和专业性；一定要回归人性，对人性洞察越准确，管理才能越正确。想不清楚目的，就会乱干；找不到本质，就容易被表象迷惑；洞悉不了人性，就会让管理失效。

有效的管理，首先是想明白——目的、本质、人性，这是认知，想明白才能干明白；

有效的战略，首先是想得到——历史、现在、未来，这是格局，想得到才能做得到。

任何有效的管理，都源于扎实的管理基本功。在真正的管理活动中，反馈、汇报、沟通、开会、训练这些基本功，被很多组织和管理者忽略了，他们动辄大谈战略、领导力。当你无法解决基本的管理问题时，一切都是空谈。如今，太多组织缺乏的并不是战略这些高大上的管理活动，而是扎实透彻的管理基本功。研究或学习一堆高大上的理论，不如把这些管理基本功或基本常识搞透。

坚持想透和做透，是管理的根基。然而这是最考验人性的，因为管理基本功需要长年的实践积累，琐碎、烦杂，甚至乏味。很多管理者无此耐性，总想搞些新花样，显得很勤奋，实际却是伪勤奋，并不能提升效率、创造成果，对此需要十分警惕。

1.2.8 无效管理的原因

从事管理实践与管理研究这些年来，我看到一个似乎大家都不愿改变的现象——我们搞了一堆复杂的管理，却没有起到真正的效果，更没有达成管理目的。更糟糕的是，我们的管理活动在阻碍组织发展，约束团队活力，我们在用一套愚蠢的规则和流程约束人的积极性。我想任何一个管理者都不希望看到这样的状况，但现实中很多管理者无意中正在制造以上两种现象。为什么很多管理是无效的？甚至起反作用？我认为以下几点是关键原因。

（1）管理者以自我为中心，站在自己的视角看问题，无法真正与客户共情。任何一项管理，如果从"能否激发部下和提升客户满意度"这两个维度考虑问题，我想自然会减少很多无效的管理动作及愚蠢的管理活动。

（2）管理者无知，违背基本管理常识。沟通的目的是激发下属，而非打击对方。为了满足自己的虚荣心而不尊重下属；老好人，不能真诚地给下属反馈；事无巨细，不相信任何人……这些都是不懂得基本管理常识的表现，只会越管越糟。

（3）追求管理时尚，不考虑情境和现实。别人搞计件你也搞；别人搞绩效考核强制分布你也搞；别人搞OKR（目标与关键结果法）你也搞……不考虑自己的团队能否支撑，或者业务是否适合。任何管理策略与实践都是有边界的，不能生搬硬套。

（4）轻视管理决策的副作用及危害性。随随便便做管理决策，可能是管理中最致命的问题。然而，现实中很多管理大师、专家学者、咨询师、管理者都在这么干，他们根本没有想透，没有深入实践就轻易给别人出谋划策。

1.2.9 过度管理

管理就是要通过机制和制度的设计，让组织自发生长和进化，以产生组织预期以外的成果和价值。而很多管理者，高估了自己的理性水平和能力，过度管理。具体表现如下。

（1）把管理从公域（组织内）延伸到私域（个人生活中），比如不允许别人私下抽烟。

（2）计划和规划一切，以为自己能掌控一切未知。

（3）把组织规则凌驾于一切之上，忽视个人的价值、追求或生活。

（4）一切以服从为前提——只要是组织决定的就是对的，而不是以事实为前提。

过度管理会消耗组织资源，消解组织凝聚力和活力，让组织的成员成为工具而无法释放潜力，是组织活力和员工动力的大敌。

1.2.10 要杜绝的几种管理方式

（1）草包式管理：不动脑子，随意，只凭经验。

（2）抽风式管理：想一出是一出，没有持续性和连续性，凭感觉去管理。

（3）运动式管理：大动干戈、兴师动众，猛烈地搞一阵，然后偃旗息鼓。这种折腾法，容易伤筋动骨，无法持续产出。

（4）创新式管理：总想创新，不愿沉下来夯实基础。这种管法，看似做了很多事情，结果事倍功半。

（5）投机式管理：走捷径、玩花招，总想通过投机取巧的方式获得成果。这种管法，只会让团队成为病猫——毫无战斗力可言。

（6）懈怠式管理：干好干坏一个样，对于错误和无效行为不惩罚也不反馈。

（7）哄孩子式管理：哄着大家干，怕员工流失或有情绪，不敢提要求，不敢惩处违反制度和标准的员工。这种管法，会让员工骑在管理者头上。

（8）老好人式管理：你好、我好、大家好，对于问题和稀泥，睁一只眼闭一只眼。这种管法，极易让团队成为一盘散沙。

1.2.11 管理的难点

管理不易，需要管理者不断突破舒适区，做难而正确的事。管理者得通过他人创造成果，过程中还要不断转换领导风格。管理者既要做行动上的巨人,沉入实践去干具体的事;又要做思想上的巨人,从实践中抽离出来去抽象地思考问题。

管理的难点,一在管理者的价值观,即对管理、客户、员工、团队等的理念构成、辨别是非的观念体系。价值观是管理者的根基,一旦有问题,任何管理理论和工具都无效。比如高层管理者的价值观是为客户提供高性价比的产品,那么这个组织的经营一定差不了;如果高层只想哄骗客户,那么这个组织即使暂时经营好了,灭亡也是迟早的事。

二在管理者的认知能力。认知能力不提升,执行力再强也无法真正解决问题,甚至会导致负面结果。认知能力提升再配合强有力的执行,企业管理才能真正上道。认知能力提升,需要做好以下几点:①充分实践,不断反思总结;②懂得基本的管理逻辑;③学习管理的理论知识;④学习标杆企业的实践。

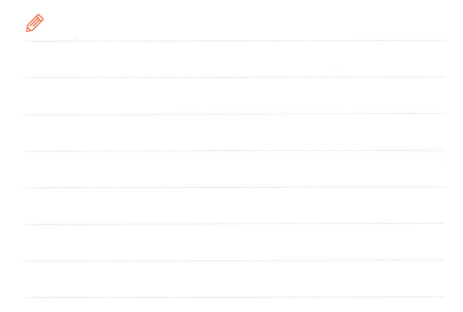

1.3 管理有套路

1.3.1 高质量的基础管理

一个企业要想做好，必须有工匠精神，同时要有一套严格完善的管理机制来规避投机取巧的行为。如今国内外经济发展面临一系列挑战，相关政策收紧，管理迭代加速，人们的焦虑感逐步加重。在这种状态下，我们更需要加强基础管理，这样才能应对企业危机。正如管理学家法尔科尼所言："只有通过日常管理稳定运营，公司的改进才能持久……卓越的日常管理是公司表现非凡的基础。"

在时代变革潮流面前，许多企业开始赶时髦，生怕自己显得老土。但管理不是时尚，不需要永远走在前面，只有走扎实才有未来。不断下笨功夫夯实基础管理，才是企业经营成功的法宝。对国内大多数民营企业来说，管理的重点不在创新和颠覆，而在高质量的基础管理，如开好一次会、有效协调、确保纪律、有效沟通、有效激励、有效分配工作等。高质量的基础管理就是组织的地基，是发展的前提，不运作好就会让组织这座大厦摇摇欲坠，垮塌是迟早的事。不解决基础管理，天天大谈战略、发展、增长，等于麻痹自己。

高标准、严要求、强力度、力求完美是做好管理的基础，没有这样的工作态度，任何管理活动都无法真正落地生根，只会带来"广挖坑"的结果。<u>高质量的基础管理才是企业的核心竞争力，它很难被模仿并且能够代际传承，进而形成企业的竞争壁垒。</u>因为，它需要下笨功夫、慢功夫，需要耐心、毅力和决心，把别人不想做的事情做好，把别人已经做的事情做到极致。由此，我们可以想到，在管理中有两个习惯是非常危险的：一是创新而不延续；二是宏大而不细微。检验一个管理者的管理水平，不是听他谈多么牛的理论，也不是听他解决了什么大问题，而是看他能不能讲出管理的细节。

1.3.2 管理如何破局

管理没有标准答案，但有基本工具和方法。管理可能是所有领域中随意程度最高的。为什么很多企业干得一塌糊涂？就是因为它们的管理者太随意。随意之下，不会出人才，也不会出好企业。在今天这个拼"内功"的时代，我们应该摒弃侥幸心理，真正按逻辑来做管理，而不是像大多数传统管理那样随意为之。

管理就是破局，"局就是你身边各种资源之间相互关联和相互作用的状态与关系"。管理者通过各种管理工具和方法的运用，带领团队破掉困局。清华大学经济管理学院教授宁向东总结破局有以下几种方法。

（1）寻找那些先前没有进入你视野的资源，我把它叫作"无关资源"，然后通过正负资源和无关资源的整合，就可以完成对正负资源的转化，给自己找到出路。

（2）重新定义"资源"，找到新的出路。

（3）重新定义"自我"，敢于把自己打碎。

管理没有标准答案，针对具体情境要不断进行动态分析，破掉一个个困局，这就是管理的艺术。同时，管理还有自身的规律与特性，如洞悉人性、以人为本。这就给很多管理者带来难题，到底如何把握好管理的度，做到不偏不倚？下文提供做好管理的三个要点。

（1）多总结反思。针对日常工作实践，不断总结反思，这样才能把握好管理的火候。

（2）凡事考虑他人立场。管理者拥有权力和地位，本来就属于强势方，如果以自我为中心，那基本就掩盖了团队的光芒。只有多考虑他人，才能更好地听取众人意见，才能让团队成员感受到尊重和信任。

（3）自己往后退。学会成就他人，让团队成员在工作中收获成就感和自主感。太过于突显自我，就会让团队成员感到压抑，也无法获得成就感。因此，管理者要学会做幕后英雄，要"推功揽过"，而不是"揽功推过"。

这三个要点是撬开管理大门的金钥匙，认真思考、实践，会少走很多弯路。

1.3.3　管理活动三步法

管理过程分三步：识别机会（找到客户的价值主张）、组织能力诊断（流程机制、人才能力、文化）、双元变革（持续改进和创新）。针对如此系统而又复杂的管理活动，在展开执行之前，管理者都要思考清楚以下三点。

（1）目的和意义：要达成什么样的目标，实现什么样的意义。

（2）方法和原则：用什么样的方法论指导实践，以及要遵循什么样的原则。

（3）成果：管理只有通过持续的奋斗和迭代才能产出成果。

1.3.4　警惕掉到事儿里

"警惕掉到事儿里"这句话，我经常给团队讲，但很多人依然没有真正理解。掉到具体的事儿里，是管理的灾难。这不是危言耸听。

掉到具体的事儿里，会出现以下问题。

（1）思维局限。很容易从眼前的事务出发思考问题，思维会被局限，看不长远，导致失去应有的高度和格局。就像你掉入泥潭，越努力挣扎就会陷得越深。掉到事儿里，一般来说很难解决实际问题。

（2）思考局限。管理者要具备思考能力——洞察、分析、判断、抽象和概括。掉到事儿里，就会让你的思考能力变弱，只浮于表象，无法真正分析问题的本质及抽象事物背后的规律。思考能力一旦变弱，很容易让组织变混乱。

（3）管理局限。掉到事儿里后，就会忙于解决具体的事，甚至动手干具体业务，忽略了对全局的组织和协调，管理无法完全发挥它应有的作用。当管理者扎入事儿里，管理系统就会瘫痪，最终组织越来越乱。

1.3.5　要多谈微观管理

无论是商学院还是咨询公司，基本都在宏观管理上下功夫，没有人愿意做微观管理研究。他们都从战略、人力资源、组织、运营、领导力等大的框架和结构上进行研究，至于管理的细枝末节，则很少涉及。一方面是因为这些机构的学者和专家真正有实战经验的很少，另一方面是因为微观管理需要长年的实践形成手艺。

宏大叙事都是由一个个具体而微的微观管理构筑起来的，它无法单独存在，离开微观谈宏观，就像无源之水、无根之木，是站不住脚的。**管理学是实践之学，要从实践中来，回到实践中去，一定不能停留于纯理论的探讨。**正如社会学家项飙所言："你一定要带入个人的经验，否则其他东西都是飘着的。理解世界必须通过自己的切身体会。今天的一个问题就是知识分子不接地气，不能从非常具体的生存状态出发讲事情，讲的东西比较无机、缥渺。"

同样，今天的很多管理学者和管理大咖也不接地气，谈论的话题看起来高大上，但没有生机，是死板的概念或理论。而管理由大量的日常细节构成，它是鲜活的、灵动的、生机勃勃的。作家许知远在读完张爱玲的《红玫瑰与白玫瑰》后，自我反思道："我整个青年时代都是谈论一些大而空的词，如时代、国家、社会命运，这些大而空的词是对自己情感和思考无能的一种逃避，而且越不具体的词越是难以表达一个人真正的想法。而一个真正对世界敏感的人，都是通过那些具体而微的——人的表情、小动作——活动来理解别人和自己的。最近突然有一种很强的危机意识，我觉得我没有对生活的体察能力，沉浸在各种空洞的概念里面。"

一个组织真正的高效管理，在于高质量的基础管理，也就是微观管理。微观管理没有标准答案，都得基于现实情境去处理，这很考验管理者的有效经验和对管理的洞见。

1.3.6　细节见管理功夫

谈到管理，一些人要么大谈战略，要么大谈组织，就是不谈实践中的细节。为何？要么是因为他们不会管理，无法感知到这些细节的价值，要么是因为他们根本不重视细节。管理成果不是由宏大叙事构成的，而是由一个个扎实的细节构成的。同样，**优秀的管理者不是那些解决大事的人，而是那些解决了一个个日常小事而不让大事发生的人**。但凡不谈细节、只谈宏大叙事，我们都要注意，这些人要么是在忽悠，要么是无知。

细节上需要较真，无论你是实战派，还是理论派，真正想做好管理，就需要较真精神。真正优秀的企业，也总是在细节上下功夫，那些别人忽略的地方往往就是他们精进的地方。细节是死磕出来的，需要持续夯实、持续优化、持续变革，才能确保到位。优秀管理者与普通管理者的关键区别往往在于细节。细节能显示出管理者的内功、技能、认知等。细节无法突击完成、无法造假、无法做表面功夫、无法借势，它必须靠你持续扎实地开展工作，任何松懈、不认真的行为都会给细节问题埋下隐患。可以说细节是一个管理者高度自律的展现，需要管理者有较高的认知能力和扎实的业务能力。

1.4 管理的反思

1.4.1 经验时代已过去，我们需要理论

管理离不开理论。很多实战出身的管理者对理论不屑一顾，尤其是一些老板，他们认为自己要么靠天赋、要么靠实战才取得了今天的成就。把实践与理论对立起来的大有人在，他们常常轻视理论、高看实践。麦格雷戈在《企业的人性面》里写道："任何管理工作都是建立在设想、假设与归纳的基础之上的，也就是说，是以一定理论为基础的。尽管假设经常是盲目、不严密的，甚至有时还自相矛盾，然而没有假设便无法预测。比如，只有根据一定的假设，才能预测采取方案 A 将产生结果 B。一句话，理论和实践是密不可分的。"

任何一项管理都离不开假设，这个假设就是你的理论，区别只不过是，它来源于科学还是你的个人经验。对理论的误解，让很多人把理论与实践对立起来，甚至以不懂理论为荣。反过来想，如果你懂得更多的人力资源知识、组织行为学知识、心理学知识，那你的决策肯定会更科学，你的管理实践一定会更出彩。理论和实践是密不可分的。

从事管理的人很多靠实干起家，大多数企业家也是如此。这些人很看不起研究理论的人，认为他们不如自己能出结果。这导致了一种现象，很多创业者或管理者不愿意学习理论，也难以静下心来去学习理论。经验成为他们的法宝。最突出的是，一些企业家成功后就开始推广自己的做法。这是很麻烦的事情。你的成功是无法复制的。领导者不同、文化不同、人才结构不同、业态不同，对应的管理方式也极具差异性。经验、案例只能是参考，不能成为选择，也就是不能把你

的经验和案例进行复制，否则定会害人。这就是管理学家明茨伯格公开反对案例教学的原因。他说："传统的哈佛案例教学法已成为管理教育中的一大障碍。"他甚至写了一本书《管理者而非MBA》来专门讨论管理教育的问题。

今天是一个快速变化的时代，任何一个成功的案例都不具备可复制性。经验时代已过去，我们需要理论。从现在起尊重理论研究吧！我们必须找到做企业管理的底层逻辑，才能以不变应万变，指导更多实践。思考得越深，想得越明白，才能穿透现象直达本质。你要寻找到你的第一性原理。最早提出"第一性原理"概念的是亚里士多德。他说："在任何一个系统中，存在第一性原理，是一个最基本的命题或假设，不能被省略，也不能被违反。"

特斯拉创始人埃隆·马斯克说："我们运用第一性原理，而不是比较思维去思考问题是非常重要的。我们在生活中总是倾向于比较，对别人已经做过或者正在做的事情我们也都去做，这样发展只能产生细小的迭代发展。第一性原理的思考方式是用物理学的角度看待世界，也就是说一层层拨开事物表象，看到里面的本质，再从本质一层层往上走。"

1.4.2　理论与实践的三极分化

现在在管理理论与实践上，出现了三极分化的现象。

第一极：实践丰富、理论缺乏。实践如果无法提升到理论的高度，也不具备可复制性。再丰富再优秀的实践都具有唯一性，只有通过理论模型升级，才能更好地普及和推广。无论是从培养人才还是从企业扩张的角度来看，管理者都需要在实践的基础上丰富理论素养，不然很难支撑企业发展。

第二极：理论丰富、实践缺乏。这样就很难真正落地。管理是一门实践的手艺，它不能只停留在理论层面，必须落到实践中才能让理论更加立体。管理没有标准答案，都要考虑具体情境，而理论丰富、实践缺乏就容易走向极端和教条。

第三极：理论与实践都相对传统。时代变化了，还在用传统的理论和实践进行管理，没有及时更新迭代，很容易造成无效管理的局面。

真正有价值的管理研究，一定是基于时代、基于实践的。真正有效的管理理论，一定是从实践中来再到实践中去。

1.4.3　管理必须从实践中来，再回到实践中去

管理必须从实践中来，再回到实践中去，一定不能只停留在理论思考上。管理是一门实践的手艺，任何好的管理理论不经实践去冲撞、检验、磨砺，都无法真正起效。而任何单纯的实践，不总结、升华成理论，就容易陷入"低头拉车"，无法"抬头看路"。

既要埋头实践，又要仰望星空，把理论与实践结合起来，才能成为真正的管理高手。管理需要你在实践中磨炼出手感，即掌握火候和分寸感、拿捏有度，也可以说是懂得灰度的深意。

明茨伯格强调管理有三个维度：科学、艺术、手艺。而他最强调的就是手艺的重要性。他说：管理者要处理烦杂的事务，包括棘手的问题和复杂的关系。这正是他们的工作具有"柔性"特点的原因，也是需要用诸如经验、直觉、判断和智慧之类的字眼来描述他们工作的原因。如果将大量的手艺、适当的艺术和部分的科学综合运用

到一起，你最终得到的首先会是一种实践。管理只有通过根植于具体环境的经验才能学会。不存在"最佳的管理方法"，它完全取决于环境。

因此，我们就明白了管理不可能有标准答案，它永远需要结合具体情境去调适。

1.4.4 学习管理的基本要点

德鲁克说："管理是一种实践。其本质不在于知，而在于行。"**管理是复杂的，没有标准的答案，更不可能有永恒的真理！**且管理涉及心理学、社会学、管理学等多种学科。既然这么复杂，我们该如何学习管理？

（1）实干家与理论家要相互尊重。理论家要放低自己的姿态，去验证和升华自己的理论。这就需要他们以尊重而不带批判的态度去面对实干家，而不是拿自己的理论来框限或评论实干家。实干家也要认识到理论的重要性，学习理论并用其指导实践。两者是不同侧面的专家，谁也别鄙视谁，谁也不比谁更高级。

（2）想明白才能干明白。管理是实践的艺术，有科学的方法论，但更重要的是对火候的掌握——拿捏有度。方法论是单调的、理想化的，实践是丰富的、多元的，这就需要不停地围绕实践活动去思考和琢磨。做管理一定要有研究的心态，要学会透过现象看本质。学习别人的管理实践，不是简单地学习别人活动的表象，而是要搞明白别人如此活动的底层逻辑。

（3）走动式管理。信息是客观的。管理者需要做决策。高效的决策需要大量的信息作为基础。信息越多维，决策质量越高。这些信息可能来自客户、下属、上级、同行，也可能来自目标、绩效、会议。因此，收集信息是管理中非常重要的一项活动。安迪·格鲁夫说："有一个极有效的收集信息的方法经常被经理人忽略——不时地在公司中走动走动。"走动式管理是收集信息的重要途径。

（4）深入现场。不深入现场和实际，做决策时很容易跑偏。企业高层只有了解一线，才能更好地做决策。中基层管理者，只有深入钻研业务，才能更好地做管理。任何管理理论，都不如深入现场发现问题。这对实践管理者来说是无比重要的基点。脱离实践，一切管理都是妄谈。在现场发现问题，然后寻找解决问题的答案；同时从现场总结管理思想，再指导管理行动。稻盛和夫说：现场有神灵。我想他说的也是这个意思。

1.4.5 学习管理的两条最佳路径

（1）多干事。在事中磨炼自己管理的手感——分寸感和度。管理必须针对具体情境解决问题，没有一成不变的标准答案，也没有可随便拿来用的现成案例。只有实践了，才能明白和悟出很多门道；不实践，懂再多理论也无法做好管理。

（2）多学点管理知识。在扎实实践的基础上，还要掌握充分的管理知识，这样才能在复杂的情境中做出正确的决策，进而避免经验导致的认知偏差。

这两条最佳路径需要你耐心地走完和保持深度思考，并无捷径可走。做管理必须"以慢为快"，就是要沉下来把一个个看似毫无价值的小事干明白，把一个个管理知识啃明白。

1.4.6 理论与实践的辩证关系

（1）简单的理论，复杂的实践。真正有价值的管理理论往往是简单的，即经常被提到的"管理常识"。把管理弄得高深莫测，动不动用几十页甚至几百页的PPT（幻灯片）才能说明白的管理理论，一般都毫无道理。这些人只是在用复杂的形式掩盖其没有搞透本质的真相，用伪专业彰显自己值钱。但管理实践是复杂的。任何一项管理实践都要考虑情境、人员、资源、环境……<u>管理没有永恒的真理，任何一项看起来很有道理的管理，都必须结合具体实践来调整。</u>

（2）宏观的概念，具体的实践。管理只停留在宏观的概念和理论上是没有意义的。对实践中的管理者来说，管理大多是面对具体问题，针对具体情境进行深入研究，比学习一堆概念和道理有用得多。学术研究和理论构建停留在宏观上没有问题，但实践者如果也停留在宏观上，而不能深入现场去解决微观问题，就是"纸上谈兵"。那些说话头头是道，上知天文下知地理，谈战略懂营销会技术，什么都懂的人，往往是思想上的巨人、实践中的矮子。

（3）管理思想与管理实践。两者哪个更重要？基层，是实践更重要；高层，是思想更重要。没有思想的高层，一定无法让组织持续发展。高层，要勤于动脑；中基层，要勤于行动。高层，不能有过多的乱动作，否则会导致组织混乱；中基层，不能只停留于空想却少有行动，否则会成为组织执行力的黑洞。

1.4.7 注重有效的管理经验

<u>只有通过大量有效的实践才能获得真正的管理感知和经验。</u>大量低水平重复的实践，不但不会提升你的管理水平，还可能削弱你的管

理认知。说白了,你不能蛮干。那如何沉淀有效的管理实践?

(1)较真、做透。干了一百件事,都干得差点意思,不如把一件事情干透!想真正获得管理的手感,必须一件事一件事去打磨,深入实践,坚持较真和做透。

(2)复盘、反思。在实践的过程中,要不断去复盘总结并反思,哪里做得对,哪里做得不对。没有反思的实践很容易流于低水平重复,甚至成为自己思维的囚徒。

(3)获得反馈。无论是从上级那里,还是从客户那里,或者从员工那里,都要不断获取他们的真实反馈。我们的管理活动到底有没有帮助他们解决问题,有没有为他们创造价值?

第二章

经营的法门

2.1 价值观与初心

2.1.1 不忘初心

很多人事业有成后,都会对曾经成就他的事业充满鄙视和厌恶,创业老板尤为明显。他们为了让自己显得高端,而慢慢丢掉了曾经的"泥腿子事业"。这就步入了歧途,忽视成就你的事业,而去追求那些表面光鲜的事业。原来的事业慢慢滑坡,而表面光鲜的事业也成为深渊——要么一无所成、要么投资失败、要么交了学费。这就是忘掉了初心,而把自己的虚荣心和面子看得大于一切。<u>任何时候,不忘初心,坚持把自己能做好的事情做到极致,把已经做成的事情持续做到完美,才是成就事业的王道。</u>

2.1.2 价值观与应对变化

愿景是组织未来发展的图景，是一个组织追求的大致方向。德鲁克说："战略不是研究未来做什么，而是研究现在做什么才有未来。"领导者若忽略这一点，就会使组织陷入盲目或随大流。每个组织都有自己的困境和独特境遇，在愿景和使命的引导下，把该做好的事情做好，不该做的事情拒绝掉，未来就不会差。<u>该做的和不该做的组合成一系列正确而连贯的动作，才能成就美好未来。</u>

今天是一个充满变化的时代，大家都在谈不确定性，可是我们又无法让不确定的环境变得确定。因此很多管理者不知该如何行动！他们要么乱作为，要么不作为。组织在制定愿景时，切记"在充满不确定性的时代，不要设定以绝对结果为导向的不切实际的目标"。应对变化的唯一宗旨就是坚持正确的价值观。那什么是正确的价值观？

（1）利他思维而非利己思维。

（2）客户思维而非财务思维。

（3）长期主义而非短期主义。

（4）创造价值思维而非投机思维。

2.1.3 不要走捷径

<u>一个企业集聚一帮聪明人，是最大的危机。</u>很多人会觉得我危言耸听，认为聪明人才能带领企业获得成功。但恰恰是聪明人才会更容易走捷径，聪明人常犯的错误就是：把别人下笨功夫看成是愚蠢，把自己走捷径看成是智慧。做企业，拼的不是短跑，不能看速度和技巧；拼的是长跑，看的是耐力和信心。企业的成长，是一步一个脚印夯实起来的，这里有大量的笨功夫和苦功夫，然而这是聪明人最反感

和最不屑的。<u>一群聪明人走捷径，是企业死亡的征兆。</u>

如今这个社会，大家更愿意使巧劲，恨不得立马见效。这种浮躁的氛围，必然催生很多走捷径的聪明人，也必然会给这个社会带来灾难。很多企业在做事情时总喜欢走捷径，用不正当的方式为自己谋取利益，并习以为常。当走捷径成为习惯后，团队就再也不想下苦功夫用品质赢得别人的信赖，基本也就把企业毁掉了。走捷径思维是企业发展的毒药，是企业文化中的癌细胞，它容易腐蚀企业、腐蚀个人。无论遇到任何困难，都要与走捷径、投机取巧的行为和风气做斗争。

2.1.4 传统的"股东至上"理论

1970 年，美国经济学家米尔顿·弗里德曼发表了商业史上最具影响力的文集之一《企业的社会责任是增加利润》。文章中提出，企业的社会责任就是增加利润。弗里德曼认为，只要企业遵守法律和道德标准，其唯一的社会责任就是最大限度地追求股东的利益，即增加利润。这一观点被普遍认为是"股东利益至上"。这也是很多美国企业坚持的主张。

2019 年，由美国顶级公司的首席执行官组成的名为"商业圆桌会议"的组织发布了《公司宗旨宣言书》，公开承诺他们将摒弃长期奉行的"股东至上"理论，转而在公司治理中寻求新方向。这份宣言书由包括沃尔玛、亚马逊和苹果在内的 181 家美国大公司的首席执行官共同签署。这些顶尖的美国公司承诺将致力于为客户提供价值、投资员工、与供应商进行公平及合乎道德的交易、支持公司所在的社区发展以及为股东创造长期价值。

"股东至上"理论虽然推动了美国经济的发展，但也制造了更多劳资矛盾。尤其在当今这个生态化的社会，企业再继续推崇这样的主张，容易制造更多的矛盾和短视行为。

2.1.5 做难而正确的事情

全球领先的战略咨询公司贝恩公司前首席执行官汤姆·蒂尔尼说："我经历了挣扎。但是最终你会回到人的本职角色上来，并且面对这么一个问题：你如何定义成功？"他认为答案是服务社会。对一位商业大佬来说，在职业生涯到达顶峰时退下来开始做非营利性机构（布利斯班），无疑是难而正确的事。但汤姆认为，发展布利斯班能让他用自己的专业技能为更广大的人群提供服务。他说："我确信自己被咨询行业吸引的原因之一，就是它能帮助他人。我被综合管理所吸引的原因，则是它赋予了我管理人员的使命，让我能创造一个让其他人获得成功的环境。"

德鲁克认为：管理的本质就是激发每一个人的善意和潜能。我想，汤姆·蒂尔尼深谙此理。激发别人的善意和潜能就是正确的事情。因此，你要找到自己愿意奉献和付出的愿景，即那个可以定义你成功的事情，它一定不是金钱、地位、名声、物质。

日本连锁便利店 7-Eleven 创始人铃木敏文先生总结，所有企业陷入低谷有两个原因：其一，沉迷于过往的成功经验，永远不愿做出改变；其二，一味地想要出奇制胜，却目光短浅，只顾眼前利益。企业要变革，不能沉迷于过往，但也不能为了求新求奇而盲目乱变。不变会死，乱变也会死。<u>在变与不变之间找到平衡，在这个变化的时代中找到那些恒久不变的正确的事并坚持下去，同时对于能变的部分积极变革，才是企业持续成功的要领，同时也是最难的事情。</u>

谈到做难而正确的事，令我感触最深的还是左晖。读链家创始人左晖的访谈，我深切感受到，真正的管理是接地气且直达本质的，充满了实践的智慧。这里我从中摘录出一些思想精髓，不妨一同领略一下。

（1）做难而正确的事，这个"难"是：一你要创造价值，二选路径要选难的路。

（2）品质的规模化复制，就是从具象到抽象的过程，把具象的能力抽象出来，再通过文化、组织、IT（信息技术）、团队把它真正落下去。

（3）人与人之间只要建立了信任，博弈就会变少，各种各样的状况就会变少，沟通就会变好。

（4）组织比较好的状态就是它很轻，组织内没有什么博弈，大家高度统一，但实际上很有质量。

（5）当大家不听我的话的时候，我才敢去提，如果我提什么大家都听，我就不太敢提了。

（6）我存在的价值就是给大家找不痛快。

（7）我觉得组织存在的价值就是要不断去折腾每一个人，包括高级干部轮岗，都是为了防止组织僵化。

（8）我们尽量去说做到的事情，不要说想做的事情。

（9）建立和消费者之间、和经纪人之间良好的反馈机制，这是我们的核心竞争力。

（10）一个组织在竞争的过程中成功的要素很多，但真正的密码是非常少的，并且看起来非常简单，可你就是做不到。

读完左晖的访谈，我更加确信一点：坐而论道、纸上谈兵是管理的大忌，深入实践，去做难而正确的事情，才能确保企业永续发展。

2.1.6 企业治理新方向

德鲁克说：企业是社会的一个器官。企业的良性发展，关乎社会的和谐、员工的幸福、客户的满意度提升等课题。企业不是一个独立的个体，必须放在整个社会系统里进行考量，企业也必须承担更多的社会责任。

用好的产品、服务为客户增值，让员工获得好的发展，与供应商等合作伙伴携手共进，推动社会发展，让股东享受长期利益等，都是企业承担社会责任要践行的方向。这也是公司治理的方向，它会推动企业朝一个健康的方向发展，避免企业出现短视行为。

2.1.7 好企业要有内涵

2018年，D&G（杜嘉班纳）设计师辱华事件可能是当年最严重的品牌危机事件。一次不当的言论，会让一个企业彻底被抛弃。但官方一开始的回应并没有展现出应有的诚意，反而显得有些傲慢。

奢侈品本来是身份、品位的象征，D&G却给自己贴上了傲慢、狂妄、自以为是、不诚实的标签，完全失去了奢侈品该有的内涵，走向完全负面的形象。D&G最后官方发布了道歉视频。

这场危机源自领导者的口无遮拦，把自己凌驾于企业之上。在今天这个信息传播极度发达的时代，谁心里不能真正地装着消费者，谁就会被消费者淘汰。

企业发展到一定阶段，就会超越个人。你作为企业的一分子，什么该说什么不该说、什么该做什么不该做，都得全面考虑到。个人的不当言论或行为，会对企业造成很大的伤害，甚至把企业推向灭亡。

如何能减少类似D&G的错误？除了建立谦卑的企业文化外，还需要企业成员尽可能地低调做人做事。一个好企业一定要有内涵——品格、价值观念，不能只有产品思维，产品是根，而企业的内涵是魂。

2.2 谈战略

2.2.1 战略是什么

战略执行是组织能力的体现，也是企业竞争力的体现。如果战略出现问题，比如摇摆不定、取舍不明，就容易消解组织能力，使得组织活力和能力慢慢被蚕食。那么，首先要明白何为战略。

明茨伯格在《战略历程》里讲了战略的十个学派：设计学派、计划学派、定位学派、企业家学派、认识学派、学习学派、权力学派、文化学派、环境学派和结构学派。我认为，<u>战略是引导企业未来发展得更好的艺术，是今天你选择做什么和不做什么才有未来</u>。为什么说战略是艺术？因为真正好的战略，无法依赖单纯的理性工具和模型做出。

好的战略规划需要基于以下几点：

（1）领导者的直觉、价值取向、想象力、创造力。

（2）领导者对自己及团队有清晰的认知。领导者对团队足够了解，就是要深入一线真正清楚团队基因、基础，以及外部的机会。

（3）领导者对市场的洞察力。

美国通用电气前领导者杰克·韦尔奇对战略的认知，我极为认同，基本讲透了战略的本质。他在《赢》里讲到：

（1）你不能把战略搞得太复杂了，考虑得越多，陷入数据和细节越深，你在真正做事的时候就越有可能捆住自己的手脚。

（2）我并不是瞧不起所有的战略大师，他们提出的概念好多很有价值。然而我对他们所宣扬的所谓科学的战略方法却不敢苟同。

（3）战略没有什么繁复的理论模型。

（4）战略不过是鲜活的、有呼吸的、完全动态的游戏而已。它是有趣的、快速的，是有生命力的。忘记那些所谓的大师告诉你的战略方法吧，因为那只是烦琐而费力的数据堆砌。

（5）战略不过是制定基本的规划，确立大致的方向，把合适的人放到合适的位置上，然后以不屈不挠的态度改进和执行而已。

2.2.2 好战略

我们该如何评判自己的战略是不是个好战略？

理查德·鲁梅尔特在《好战略，坏战略》中说：真正的专业知识和见解的一个特征就是，能够让人们理解复杂的主题。把复杂的问题简单化，用清晰、简洁的概念表述清楚，这才是真正的专业水平。好战略的第一个特征，就是它不能太过于复杂。故作高深，把简单问题复杂化，是管理学者最容易出现的问题。

书中又说：好战略的优势在于能够将精力和资源集中于一个或少数几个关键目标，而这些目标一旦实现，将会带来一系列可喜的成果。糟糕的战略目标的一种表现形式就是，各种目标杂乱无章，仿佛大杂烩一般。好战略的第二个特征是企业在经营过程中，要集中精力和资源解决关键目标，即有所为、有所不为。<u>战略有时要学会放弃一些非关键目标。很多企业最终失败，并不是被竞争对手打败，而是被它们自己的欲望打败——什么都想做。</u>

个人成长也是如此，我们想干很多事情，但我们的精力和能力有限，只有聚焦优势，专注在重要的事情上，才能真正有所成就。很多人一辈子碌碌无为，并不是能力和基础太差，而是不愿意专注下来深挖一件事，东一榔头西一棒槌，最后一事无成。

2.2.3 放弃的智慧

《孙子兵法》中讲道:"故备前则后寡,备后则前寡,备左则右寡,备右则左寡,无所不备,则无所不寡。"

人或企业也一样,你的资源有限,不可能面面俱到。我常听人讲:人无我有,人有我优,人优我变,人变我快。可能吗?不可能。什么都想领先于他人,是非常愚蠢的自我视角。你不是神仙。

华杉说:"那么正确的态度是什么呢?是人无我有,人有我无,你玩你的,我玩我的。这才是兵法。<u>战略首先不是选择我要做什么,而是选择我要放弃什么。不是选择我们定位去做哪些客户,而是选择我要放弃哪些客户。</u>虚实就是放弃的智慧。"

2.2.4 选择大于努力

<u>好战略的核心要领是选择,选择做哪些事情以及不做哪些事情,才能让组织或个人有未来。</u>然而我们在选择时,往往会被固有的经验、思维、习惯、利益所束缚,无法真正做到客观合理。客观合理选择需做到以下几个平衡:眼前与长远,现实与理想,利益与能力,效益与品质。

选择大于努力是一种战略,而不是鸡汤。当你选择不对时,再大的努力也无济于事,甚至可能让"因你的勤奋和努力而把事情搞砸"的概率变大。有很多老板创业成功后,因选择不对,该做的没做,不该做的尽做,最终把原本努力赚来的钱再"努力"地赔掉。

2.2.5 真正的战略家应该具备哪些特质

谈到战略,很多学者和专家都会用复杂的模型和数据进行分析。

然而战略的本质是"目标与能力的平衡"，既要有坚定的达成目标的决心和信念，也要有根据实际情况去调整和适应的能力。支撑你去平衡目标与能力的是一股做事或解决问题的激情，它更多的是感性基础之上的理性。

哲学家休谟说："理性是激情的奴隶。"他认为，决定人们言行的是感性而不是理性，纯理性决断是不存在的，任何决策表面的理性原因背后的感性原因，才是决定因素和根本驱动力。

因此，<u>战略本质上是领导者感性的外显与延展，是激情燃烧下的决策，也是领导者理解和感受他人与环境的同理心的表现</u>。简单概括，战略是一种感性决策，事关两个要点：激情和同理心。

那么真正的战略家应该具备哪些特质呢？

（1）利他精神：战略不是关乎自己，更多的是关乎他人。

（2）平衡能力：目标与能力的平衡，决心与手段的平衡。

（3）包容性：容纳异见、异事、异人。

（4）创造性：创造可能性。

（5）洞察力：敏锐的直觉，能洞察事物的本质。

领导者怎么获得这些战略特质？极少一部分人是先天潜质，更多人是靠后天培养，可以从以下四个方面历练。

（1）亲历商业：在实践中磨炼手感和直觉。

（2）拓展视野：通过见不一样的人与事拓宽视野。

（3）自我变革：不断地自我否定与思维重构，以更好地适应变化。

（4）人文精神：训练自己的利他、直觉、洞察力。

总之，真正的战略高手要重视自我打造与磨砺，回归到自我的感性训练上，而工具和模型的理性训练只是辅助手段。

2.2.6 战略是目标与能力的平衡

目标太大，能力不行，就要想办法补足能力；如果补足不了，那就调适目标。能力很强，就可以适当调高目标。

忽视能力现实，一味追求高目标是莽撞的表现。**战略是目标与能力动态平衡的过程**。《论大战略》中讲"战略是目标与能力的平衡"，我在此基础上加了"动态"和"过程"。这明确界定了战略的形式和本质，它不是固化的，而是动态调整的；它是过程而不是结果。

2.2.7 真正厉害的战略

战略是事前规划与过程学习结合的产物。实际企业运作中，没有完全按事前规划而成的战略，只能是方向大致正确，过程中不断学习调整。认为事前规划好，按照既定的规划执行就好，这种战略思维是一种理性的自负。再厉害的领导者或团队，都不可能穷尽未来的变化、环境及行动策略。

在战略执行过程中，过于坚守既定的规划会让组织陷入被动，缺乏灵活应变的能力；而缺乏事前规划又容易让组织陷入混乱。那么，有没有事前初步规划，在实践中逐步长成的战略？有些企业看似规划不明朗，但它越走越好，事后总结发现，在关键战略节点上它的选择都是对的，原因何在？这源于企业正确的价值观与强大的学习力，这是真正厉害的战略的源头。

价值观：企业坚守正道、正义、与人为善、利他等人文精神；同时又能以客户为中心，时刻以市场而不是领导者的意志为中心；按组织发展规律而不是老板欲望发展；以创造价值而不是人际关系为个人发展的依据。

学习力:《战略简史》一书中提到，战略的目的应该是相较于竞争对手对自己当前优势的模仿，可以更快地创造未来的竞争优势。做到这点，关键在于公司拥有的技能和获取新知识的能力，即"学习力"。领导者一定要懂得如何更快地创造未来的竞争优势。因此，团队应具备自我否定、自我批判的精神；能接受新鲜事物；能接受他人的反馈；愿意突破自己的舒适区。

2.2.8 战略思维和战略定力

"战略，是一种从全局考虑谋划实现全局目标的规划。""企业战略是指企业根据环境变化，依据本身资源和实力选择适合的经营领域和产品，形成自己的核心竞争力，并通过差异化在竞争中取胜。"这两句话是对"战略"的专业解释。而《好战略，坏战略》作者鲁梅尔特说："战略的真正含义是为了应对重大挑战而做出的连贯反应。"这些重大问题或挑战，有的已经明显呈现，有的却隐藏不见，后者对领导者来说是一个重大的考验。只有识别那些隐藏的重大问题和挑战，提前规划和布局，即战略管理，才不至于令企业发展变得被动和迟滞。正如德鲁克所言："战略不是研究未来做什么，而是研究现在做什么才有未来。"识别重大问题或挑战，为了应对它做出系统的连贯反应，让企业拥有未来，这是真正的战略思维。

拥有战略思维的同时，更要拥有战略定力。企业或个人要想稳健良性地发展，一定要具备如下战略定力。

（1）控制欲望，要想清楚什么该做什么不该做。

（2）长期主义，时刻思考做什么才有未来。

（3）构建应对危机的能力，而不是逃避危机。

（4）夯实达成目标的能力，而不是快速达成目标，否则根基不稳。

2.2.9 三大战略谬误

谬误一：鸡蛋不能放在一个篮子里。一些企业在能力不足时，为了分散风险，进行多元化布局。战略是目标与能力的平衡，不能只顾及目标而忽视能力。大多数企业在发展过程中，应该聚焦而不是多元化——要把鸡蛋放在一个篮子里。

谬误二：抢占用户心智，形成定位优势。这就导致很多企业在营销广告上加大投入，而不强化运营。抢占用户心智而不能提供好的用户体验，即使品类第一，也无法长存。应该反过来，通过用户体验强化用户心智，这才是长久之道。

谬误三：做大做强，形成品牌优势、构建企业壁垒等。盲目做大并不能变强，只有做强才能真正做大。

2.3 生存与发展

2.3.1 别被"先生存再发展"误导

先生存再发展，讲的是一种务实精神，就是你别光顾着发展而把生存基础给忘了。这句话是针对那种不务实、不接地气的人说的。任何一句话，哪怕它是终极真理，都有适用边界和条件——它是谁讲的，讲给谁的，针对什么情况讲的。不顾及适用边界和条件直接拿来用，就是迷信。所以那些没有适用边界和条件，什么情况下都对的话语，要么是正确的废话，要么是忽悠。

然而，很多人只盯着生存而忽略了发展。要想生存得更好，必须发展。<u>用发展的眼光和目标引领自己，在战斗中逐步提升战斗力</u>。很多人觉得，我准备好了再发展。那结果可能是你永远准备不好。未来需要什么样的能力，你永远不知道，你又如何去准备呢？你只立足现在，永远不可能有未来。基于未来和发展的眼光，选择做什么以及不做什么，这是战略。

2.3.2 学会取舍，聚焦关键

<u>选择不做什么比选择做什么更重要</u>。选择不做什么源于你有清晰的自我认知及对世界的认知，不盲从，同时意味着你知道自己的优势和劣势。更重要的是，你知道克制自己的欲望，聚焦优势资源，专注一事。

在困境或恶劣的环境面前，企业面对的挑战增多，也会扰乱正常经营。因此，企业必须审时度势，谨思慎行。非常重要的一点就是让组织形成协同效应，不可分散精力，要聚焦关键点，形成组织的协同力量和组织势能。通过聚焦，让组织能力更强，进一步提升组织效率。

集中优势兵力，各个歼灭敌人。这句话人人都听过，但并不是人人都理解其要义。作为企业，就是要倾尽全力去做好一件事，即集中优势资源，做好战略要务。也就是华为所说的，不在非战略机会点上消耗战略竞争力量。你的精力和时间都是有限的，什么都想做就什么也做不成。

2.3.3　企业生存和发展的三个基本命题

读了包政老师的《管理学教育的反思》，我深受启发。他说："企业生存和发展有三个基本命题——使企业有前途，使系统有效率，使员工有成就。"谁解决了这三个命题，谁就能走得更稳更长。他还说："一个企业的成就，并不是由销售收入决定的，而是由它的经营哲学以及内在的事业逻辑决定的。"

企业发展，人力资源是入口，它是经营成果的基础，是企业战略实现的源头；而财务则是企业发展的保险丝，财务强大才能确保企业安全。人力资源和财务是企业发展的左膀右臂，这两者要联起手来，才能推动企业稳步向前。企业 CEO 必须与 CHRO（首席人力资源官）和 CFO（首席财务官）一起形成企业发展的三个支撑点，缺一不可。

2.3.4　企业发展的根是人

管理是一项劳心劳力的活，投机取巧使不得，急功近利使不得，它得慢慢沉淀，逐步夯实。企业的发展需要有卓越的管理，才能成就极强的组织能力、运营能力，保证产品和服务，确保客户满意度。卓越的管理的根是人。《识人用人》一书中写到，说到底，在企业经营中，领导层能调用的最重要的资源无非两项：一是资金，二是人才。而且业绩结果都是人做出来的，也就是说财务数据是"果"，组织人才是"因"。在分析经营状况时，把组织和人的因素纳入进来，才是真正的追本溯源，才能发现根本问题。

企业都很重视经营，老板都会盯着收入和利润看，像重视自己的孩子一样重视财报。而人力资源报告却少有人去关心，更别谈发自内心地去关心。<u>企业发展的根是人，经营业绩是"果"，组织人才是"因"</u>。有因才有果，不重视因，哪儿来的果呢？不重视组织人才建设，天天关注经营业绩，可以说是本末倒置。真正从因上下功夫，重视人才建设，才能真正达成好的经营业绩，企业才有未来。

2.3.5 失败的基因

《以客户为中心》一书中说："失败的基因往往在成功时滋生，我们只有时刻保持危机感，在内部形成主动革新、适应未来的动力，才可能永立潮头。"成功时，我们容易忘乎所以，滋生傲慢和偏见。更要命的是，成功会让我们养成一些自认为正确的恶习，比如固执己见、自以为是、盲目自大等。<u>失败并不是失败的那一刻注定的，失败的种子可能在你顺利、成功时就已经种下了</u>。

随着企业的发展，管理者地位上升，收入增加，心态和行为也会发生微妙的变化：觉得自己无所不能，就会超出自己能力进行扩张；觉得自己可以摆平，就会无视规则或基本的约束；觉得自己是个人物，就会无视人性的弱点和缺陷；觉得自己功不可没，就会傲慢无礼并且倚老卖老；觉得自己无可替代，就会妄自尊大、无视企业规则……保持清晰的自我认知及对环境和现实的认知，戒骄戒躁，约束好自己不逾越边界，对管理层尤其是高层管理者而言是极大的考验。

他们需要知道什么该做，比如洞察客户并迭代创新，满足客户；洞察人性并放大人性之善，抑制人性之恶；变革组织，使之高效地运转；迭代文化，确保价值观正确且适应时代。知道什么不该做，比如设定损人利己的目标、官僚作风盛行、僵化的流程和程序、混乱而形式化的动作。

2.3.6 企业繁荣的根基

企业繁荣发展，表象是高品质的产品和服务，但本质是先进的企业文化、先进的治理机制，以及领导者的修养。

（1）先进的企业文化：企业拥有一套先进的观念体系和认知体系，构成独特的价值观，进而形成先进的企业文化。

（2）先进的治理机制：分工清晰，协作畅通，责、权、利明确的组织治理模式；既能约束混乱，又能激发团队活力的激励机制。

（3）领导者的修养：领导者在格局、自律方面不断修炼，并拥有人文主义精神。

2.3.7 企业死亡的三类典型问题

前些年比较火的企业，后来都逐渐衰落或消亡了，比如聚美优品、ofo共享单车、黄太吉、雕爷牛腩等。国外也一样，例如和美国通用汽车公司同时发展起来的许多明星企业，如今也只剩下通用汽车依然拥有广泛的知名度。根据这些企业案例，我总结了企业死亡的三类典型问题。

（1）文化傲慢。随着企业不断壮大，它们无视客户、无视员工，开始有自己无所不能的幻觉。

（2）业务不扎实。指望一招鲜吃遍天，没有根据企业发展的实际，在产、供、销等环节把业务夯实，业务量一起来，企业就散架。

（3）管理不扎实。很多企业可以说压根儿不重视管理，它们只对营销感兴趣，认为营销可以带来收入，把管理当成投入。企业业务量一大，便漏洞百出，问题和病变迟早把企业蚕食殆尽。**做企业，必须踏实下来，一点点做透，否则跑得越快死得越快。**

2.3.8 企业发展的三个护身符

（1）摸着石头过河：企业发展就是一个摸着石头过河的过程，谁也不能确切地知道下一步会发生什么，但一定得走好现在的每一步，把根基打扎实。**真正的企业战略是逐步尝试实践出来的，不是计划和空谈出来的。**

（2）减少乱动作：企业发展历程中一定有一些坚持不变的常识和基本价值观，这个必须找到，否则就容易出现乱动作。很多企业死掉，不是被别人干死的，而是被自己乱干干死的。老板的个人意志、团队的自我彰显式创新，都容易导致乱动作。

（3）克制欲望：企业要克制自己的欲望，比如盲目地多元化、不理性的规模扩张等。多并不代表好，大也不代表牛，更糟糕的是我们以为"别把鸡蛋放在一个篮子里"是真理。

如何做到摸着石头过河、减少乱动作、克制欲望？用三个回归来回答：回归常识，回归目的，回归本质。

2.3.9 竞争壁垒

企业只有不断构建自己的竞争壁垒，才能立于不败之地。以下四种壁垒尤为重要。

（1）组织壁垒：构建出别人不具备的组织能力。
（2）技术壁垒：构建独特的技术能力、应对环境的创新能力。
（3）经营壁垒：精细化运营的能力、现金流、第二曲线等。
（4）战略壁垒：长期主义，克制欲望的定力，应对危机的能力。

没有竞争壁垒的企业，如同没有刹车的汽车在蜿蜒的山路上奔跑，极易掉下悬崖。

企业要有增长的能力，只有这样才能持续发展。同时也要有刹车的能力，以抵抗发展中的风险。企业要有应对危机的能力，就是如何穿越周期，在恶劣的环境中生存下去。竞争壁垒是一个企业抗风险能力的重要保障，决定了企业的寿命。

2.3.10 持续改进的关键

如何让一个企业拥有持续改进的能力？这是组织的高管必须思考的，否则组织很容易落入怠惰和惯性之中。持续改进的关键是"去现场、用实物、查实情"，即你要走到一线和现场，正如稻盛和夫所说的，"现场有神灵"。德鲁克说："管理既非艺术也非科学，而是一门技艺，这门技艺只能在'实践'中学习才能掌握。"

2.3.11 奋斗精神

听华为顾问黄卫伟老师、原华为全球技术服务部干部部长胡赛雄、华为前EMT轮值主席费敏讲课，他们全面剖析了华为的发展历程，整个一部艰苦奋斗史，一部不断走出自我舒适区的历史。即使华为现在员工已超过20万，在多个领域成为全球顶尖，那种奋斗精神依然在燃烧。

华为是一个值得尊敬的企业，是一个值得所有企业学习的企业。它从根本上抓住了企业的本质、客户的本质、管理的本质，不断深入洞悉人性，用机制来解决人性的怠惰问题，很好地结合了东西方管理智慧。

任何一个企业，想取得长足的发展，必须靠集体奋斗，在一个个战役中不断磨炼能力，修正战略。《以奋斗者为本》《以客户为中心》《价值为纲》是值得我们好好研读和实践的华为管理思想精华。

2.3.12　如何面对逆境

如何面对逆境？

首先，积极思考。我称之为悲观情绪下的积极思考。无论是经营企业，还是个人生存，当一些事情超出你的理解时，你会发现以前解释这个世界的框架，已经让你无法自处。继续用以前解释世界的框架解释今天的世界，你会更加焦虑、迷茫、无助，甚至消极、悲观、绝望。怎么办？重新构建一个解释世界的框架。因为活下来，比什么都重要。**不断适应这个世界，不断重新构建解释世界的框架，最后与世界共存。**

然后，逆境重生。**再好的时代也有烂企业和糟糕的个体，再坏的时代也有好企业和卓越的个体。**如何在逆境中胜出？如何成为新时代的引领者？需要做好以下几点准备：①思维调整，华为讲，过去的成功不是未来的可靠向导。调整自己的适应能力和韧性。企业更需要不断变革自己，否定自己，坚持自我批判；②丢掉颓废情绪，积极应对问题；③行动见希望，在行动中提升战斗力；④丢掉一切不切实际的想象。

2.3.13 大企业病普遍存在

一次我到某知名电商平台参访，体验很差。公司大门口堵得一塌糊涂，没有提前登记的车一律不让进停车场。可以容纳1.5万人的办公总部，不让外来人员停车，我还是第一次听说。进门后，大厅的穿堂风吹得人很冷，看到来来往往一群面无表情去上班的年轻人，我想到了螺丝钉。我们想进奶茶店买热饮，保安态度恶劣地拒绝，坚持要看邀请码，等了20分钟，这家电商平台的人才发来邀请码。然后就是走马观花地看了无人超市、数据中心等"黑科技"，讲解的人没有任何表情，敷衍地走过场。最后是无人超市负责人介绍他们的理念，几乎就是宣传片，而会议室凳子还码放着，我们得自己拿凳子，水也没有提供。整体感觉就是高冷，路过走廊看到他们宣传的核心价值观——客户第一，我们不禁哑然。要么就不要接待参访人员，既然接待又如此应付，我想这就是傲慢。<u>没有人性温暖的公司不值得尊敬</u>。

后来参访另一家科技企业时的感觉完全不一样。办公区很温暖，随处都有凳子。分享工作高管亲自负责，详细介绍了这家科技企业的过去以及未来规划。会议室凳子摆放整齐，为每个人都准备了水。他们分享的理念非常棒：

- 在品质的基础上做性价比最高的产品
- 小公司靠打拼，大公司靠运气
- 互联网思维＝用户体验＝口碑
- 高颜值、高品质、高性价比——"三高"产品（为了口碑）

<u>任何公司，可以大，但不可以冷，缺乏人性温度的公司很难有未来</u>。企业随着规模扩大，就容易养成"机构臃肿、人浮于事、相互扯皮、效率低下"等大企业病，也就是帕金森定律——官僚主义的一种

别称。然而，这几个问题在很多小企业也普遍存在。大企业出现大企业病，还可以靠啃老本活下去。如果小企业犯了大企业病，那基本离死就不远了。大企业病主要有以下表现。

（1）效率变低：大家彼此扯皮、掣肘变多，事情缺乏人来负责。

（2）官僚作风：管理者以权逞威，唯上不唯实。

（3）信息阻塞：信息层层被卡断或扭曲，信息流不畅通。

（4）动作混乱：各自为政，部门之间的协作变差。

（5）管理僵化：流程越来越多、越来越僵化，团队的思维越来越固化。

2.3.14　企业规模扩大后需要注意的两大问题

如何杜绝大企业病？只有向管理要效益，不断通过管理优化和变革来医治这些病症。随着企业业务量增加，企业高管必须做出以下变革。

（1）由经验、随意向职业化转型。核心就是学会用流程、标准等规范化工具开展工作。随着企业发展，企业的最大风险是管理层的随意。在规模小时，随意产生的问题还好解决，但企业规模大了，再随意就会给企业带来灾难性的打击。

（2）由关注业务问题转向关注管理问题。关注业务问题的典型特征就是扮演救火队长的角色，哪里出现问题就去哪里解决，缺乏整体规划。关注管理问题就要深度思考问题的根源，并站在长远角度考虑，着手通过制度体系的建设及完善，最终让业务顺畅开展。这点最难，管理者擅长业务，容易停留在舒适区无法实现自我突破，**他们难以意识到过去的工作方式无法解决企业壮大后的问题，从而无法使管理体制建设上升到他们应有的认知高度**。

2.3.15　谨防小成就陷阱

"弱小和无知不是生存的障碍，傲慢才是。"刘慈欣《三体》中这句话，道出了企业发展的至理。我们的企业也存在傲慢，取得成绩后，就开始对同行、客户、员工傲慢起来。必须自己反省这种状态，避免错误决策。无论是企业还是个人，谦卑是其成长的最大保障，失去谦卑就会失去一切。有时取得一点小成就，就像毒药一样容易让人迷失。而在失败挣扎或是取得大成就时，人却容易生起敬畏之心。祸患往往埋藏于小成就，这时人最容易自我认知不清，这就是小成就陷阱。

企业成长或者个人成长，都要谨防小成就陷阱，要向管理要效益。如何在企业成长的各个时期防范小成就陷阱呢？那就需要在如下方面做好，做成功。创业初期，通过符合市场需求的产品和服务获得成功；进入成长期，就得靠运营成功；进入发展期，就得靠管理成功。通过建立管理体系、机制，提升运营效率，确保优质的产品和服务能触达客户。只有向合理科学的管理要效益，企业才能保持活力和战斗力。

2.3.16　变革的时机

星巴克创始人舒尔茨说："当走下坡路时，你很容易理解自我改变的必要性……人们很少会在成功的时候产生自我改变的动力。"遇到困难或挫折，谁都明白自己需要改变一下，可能原来的思路和方法走不通，但又有几个人能在自己顺利和辉煌的时候自我变革呢？

真正的变革，无论是个人还是企业，都应该在看起来比较顺利、发展比较好的时候进行。这时候变，会有更强的推动力、更放松的心态，更容易成功。走下坡路时才想要变革，往往会因为压力和团队信心不足而失败。

企业变革中，首先是思维变革，不断革新自己的思维模式，不能用固化的、陈腐的思维对待变革。如今的商业环境，是检验企业变革能力的关键窗口期。变革成功的关键是：企业效率提升、企业成本下降、企业风气更好。

2.3.17 走出舒适区

无论是企业还是个人，都无法待在舒适区，即在安逸中成长。你必须不断跳出舒适区，进入学习区甚至是焦虑区。

有人认为，等自己准备好了再去做事情，成功概率会增大。其实这只不过是逃避或自我安慰，因此<u>有人一直准备着，但永远都没有开始行动</u>。河水深浅如何，你蹚了才知道；华山有多险，你爬了才知道。行动起来。企业得在增长中优化完善，不发展有些问题你是想也想不到的，就如冯内古特所言："我们必须不断跳下悬崖，在下落的途中强硬翅膀。"

2.3.18 如何创新

创新与变革是一家企业超越竞争对手最好的方式，而不是打压对手。不断围绕客户需求进行创新，配合适当的组织变革，就能不断突破瓶颈，为顾客提供新的体验，把企业推向一个又一个高峰。

约瑟夫·熊彼特说："创新来自哪里，创新是生产要素的重组，生产要素怎么样能重组呢？关键在于我们要重构我们看世界的方式。我们只有掌握了更多理解世界的方式，更多解释世界的方式，才能够打破我们过去经验世界里各要素的关系，用新的视角来看到各要素之间的关系重组，进而产生创新。"这段话值得今天这个时代的每个人认真去理解和实践。有时并不是我们不能创新,而是我们被自己固化的认知束缚住了。

汤姆·彼得斯说:"顾客是重要的创新来源。有创意的企业不仅特别擅长制造可批量生产或提供的新产品或是服务,还能更加灵敏地持续应对任何环境变化。"围绕客户需求进行创新,以持续应对变化。这道理说起来很轻松,可是别忘了我们都会变老,思想跟不上时代的步伐在所难免。<u>企业持续适应时代变化、不断进行创新变革,最好也是唯一的办法就是起用年轻人!盘点一下企业的人才,从初级管理者到高层,如果大多是 70 后、80 后,企业就需要注意了。</u>

2.4 夯实内功

2.4.1 企业的六大基础建设和两项关键辅助

《成长之痛》一书中做过归纳：第一，找到属于你的市场；第二，研发市场需要的产品；第三，解决企业发展所需的资源；第四，建立企业运营系统；第五，建立企业管理系统；第六，企业文化管理。这些都是企业的基础建设，"组织最终赢在基础建设"，最后三项是企业取得持续竞争优势的关键。这些基础建设要成功，还有两项辅助措施贯穿始终：沟通和执行。

沟通问题不解决，企业就会随着规模扩张陷入低效、相互掣肘的状态，内耗多于干事。更关键的是企业高层，根本听不到真实的声音，因为负面信息被层层拦截，呈现到高层的信息大多是一些基于个人利益需要的好消息。这有两个原因，一是人都不想听坏消息，二是KPI（关键绩效指标）考核制约下级把正确的好消息上报。因此，杰伊·福里斯特说了一句经典的话：<u>判断一个组织是否伟大的标准，是"坏消息向上传播的速度有多快"</u>。

执行问题不解决，公司的战略目标就无法落地，甚至公司的文化制度都将形同虚设。这样的企业，就像一辆快散架的汽车，跑得越快越危险。然而这样的企业比比皆是，业务跑得很快，但没有完成公司治理，管理系统无法支撑业务的发展需要。就是包政讲的，企业没有建立一体化的分工体系，无法支持价值创造流程的发展。最后，随着发展，企业与客户必然矛盾重重，企业越发展，客户越不满意。杰克·韦尔奇说过一句很精彩的话："公司的一项战略决定，在 24 小时内可以转化为 24 万人的行动。"这才是真正的执行。<u>如果你发现公司的指令很难快速转化为团队的行动,那就是企业危机的征兆。

2.4.2 如何评判一家企业是否优秀

在多年的管理工作中,我总结了以下四点来判断一家企业是否优秀。

(1)学习能力:能够接受新知识与新事物,及团队愿意成长改变。

(2)自省能力:谦卑地接受批评与反馈,对反馈的问题如获珍宝并充满感激。

(3)协作精神:彼此分工又紧密协作,不存在部门"深井"。

(4)变革能力:愿意折腾和变革,不会固化和模式化。

2.4.3 成就企业最关键的四项能力

管理的前提是为经营服务。经营之后才需要管理,经营的灵活性,比管理的合理性更重要。经营一家企业好比建造一座大厦,这四项能力最为关键,分别是认知能力、领导力、管理能力、业务能力。

认知能力就是夯地基,地基不牢,也就是认知层次低,大厦是建不起来的。领导力是设计,提供建造大厦的蓝图和愿景,指出大家努力的方向。管理能力是工程施工,组建团队用水泥、钢筋等材料按照蓝图把大厦盖出来。而业务能力,就是建起来的大厦。

随着环境及形势的变化,你要不断地升级认知,要重打地基,重新设计蓝图,重新施工,最终盖出适应新时代的大厦。可以说,认知能力是首要的,是企业发展的根基。认知水平上不去,企业必然会被淘汰出局。

2.4.4　基因、基础、机会

找准自己的基因，夯实自己的基础，才能把握住外在的机会。

基因，就是你骨子里的东西，你到底拥有什么样的天赋，这是决定企业发展的根；基础，就是你的能力，你拥有的做成一件事情的能力是什么；机会，也就是外面的机遇。

基因决定你是谁，基础决定你去向哪里，机会决定你能成为谁。

2.4.5　管理的基本功

在这个快速变化的世界，只有真正拥有精细化管理的企业才能活下来。夯实基本功，才能打硬仗，基本功就是常识。管理一旦违背了基本常识，企业就会走进深渊，甚至走向灭亡。管理的基本功有哪些呢？

（1）与人为善：做企业做人都如此，如果做不到这点，那必然会遇到灾难。

（2）成就他人：学会成就他人，而不是只考虑私利，否则必然走不远。

（3）优胜劣汰：不能吃大锅饭、搞平均主义，要论功行赏，不鼓励"没有功劳也有苦劳"文化，不符合企业要求的人一定要淘汰。

（4）敬畏规则：不是人至上，而是规则至上，只有大家都遵守规则，企业才能走下去。

企业发展的前提就是要把基本功练扎实，这些基本功才能支撑企业提供优质的产品和服务给客户。扎实的基本功体现在标准、流程、制度建设以及职责权利对等上。很多企业还没有把基本功练扎实就盲目扩张，结果就是亲手毁掉自己原有的品质，最终被客户淘汰。

基本功训练是取得大成就的关键，就像盖高楼打地基一样，有多扎实的基本功就能取得多大的成就。然而基本功训练往往枯燥乏味，而且需要长期训练才能见效。很多人偷懒，愿意创新而不愿意夯实基本功；愿意学一些高大上、玄而又玄的概念性课程，却不愿意好好学习沟通、表达能力。很多企业总会搞一些眼花缭乱的花招，却不愿意把客户服务水平提升一下。

2.4.6 管理与业务

管理的最终目的，对整个组织来说就是为经营服务，确保经营的效益；对部门来说就是为业务服务，确保业务的有效运营。 那些业务存在问题的部门，一定是管理不善的部门。作为部门负责人，要明确自己的两项重要职责：如何通过管理确保业务高效运营；如何通过业务的高效运营输出好的产品和服务。管理者在具体实践中可以遵循以下原则。

（1）目标具体。工作中，我们总有一些含混的目标。比如这次金融街的服务升级目标，大家慢慢就设置成了先收集再梳理。这就导致我们不停地在收集，而行动停滞不前，导致一些基础的细节没有得到优化。在管理中目标一定要具体，它是真正解决某个问题，收获成果的保证。

（2）业务和标准的灵活执行。日常工作大多是例行工作，也有一些例外工作。例行工作一定要标准先行、业务后行。而例外工作就要结合实际情境，可能会业务先行，即先去做再完善标准。如果例行工作也是业务先行、标准后行，就会使得管理混乱，没有效率。

（3）硬信息和软信息兼顾。很多管理者迷信硬信息，如财务数据、报告分析等，然而硬信息有滞后性、片面性、过滤性等特征，它们很客观，但只是表象。管理者要关注硬信息背后的深层问题，以及具体的案例、行为、氛围、状态等软信息，这些才是管理最真实的内核。

2.4.7 标杆管理

标杆管理是一种简单有效的管理方式，无论对企业还是个人，都很管用。施乐公司前 CEO 大卫·卡恩斯定义"标杆管理"为：以最强大的竞争者，或者行业里公认的领导者作为标准，通过对比各种指标，持续不断地检讨、改善自己的产品、服务和做法，由此实现提升企业业绩的目标。华为曾经就反应速度对标顺丰、信息化对标阿里、服务对标海底捞，这就是一个典型的标杆管理案例。找标杆能让企业更快找到"最佳实践"，少走弯路，同时指导企业优化自己的管理。对于个人，找到标杆就能明确目标，激励自己成长进步。

这里涉及一个"最佳实践"的概念。任何一个企业，只要能持续存活，就说明一定有它独到的地方——可称为它的最佳实践。找到这些最佳实践，研究、优化，是我们推动企业发展的最佳路径。总之，**管理者一方面要学习别人的最佳实践，一方面要形成自己的最佳实践**。

2.4.8 商业直觉

很多人说自己靠直觉经商，这是在为不思考找借口。你的直觉并没有那么管用，或者说你所谓的直觉只不过是沉淀的结果而已。你不总结不思考，还美其名曰：直觉。不能把经验抽象成概念，或者不能思考清楚再去实践，都是犯懒、无能或无奈罢了。直觉是一种悦耳的自我标榜，往往你谈的直觉并不是真正的直觉。还有很多人，在商业上取得了成功，只不过是因为赶上了市场红利而已。

真正的商业直觉，靠努力、拼搏、创造，它是多年沉淀和迭代的结果，是通过大量的实践磨炼出的手感。直觉是天分的另一种表达！这个世界有天分的人并不多，大多数人都要靠努力。你不是商业天才，别动不动就谈商业直觉。

2.4.9　想明白、想透彻

任何企业或个人取得成功，都源于清晰的思考和认知，区别只在于有些人说出来，有些不说出来。没有糊里糊涂的成功，成功源于清晰，失败源于糊涂。

读了段永平的一些思考，我深知，一个真正厉害的人一定是想明白、想透彻的人。我引用几段他的话。

（1）从外面请顾问对自己的公司做战略评估，一定是件非常有趣的事情。很难理解当自己都不知道该用什么战略时，别人可以帮得上忙，不管别人是谁。旁观者清的情况下，或许他可以指出错误，但要指望他教会自己该干吗，大概是不可能的。

（2）认为公司好是因为营销好，其实就跟认为一个木桶能装水，是因为有一块叫"装水"的木板一样可笑。

（3）负债的好处是可以发展得快些，不负债的好处是可以活得长些。再说，一般来讲，银行都是要确认你不需要钱才借钱给你的。

（4）扩张的时候要谨慎。我把这个叫"足够的最小发展速度"，就是兼顾足够和安全的意思。多数人在扩张时用的都是所谓的最大速度，最后一个不留神就翻车了。

（5）我在公司里是个反对派，几乎做什么我都会提反对意见。如果连我的反对意见大家都不怕，做什么我都会放心一些。我最怕的是不论老板说什么大家都说"好"。

（6）巴菲特说："时间是优秀企业的朋友，平庸企业的敌人。"你可能认为这句话平淡无奇，但我是通过深刻的教训才学习到的。

（7）其实每个人都有一颗投机的心，所以才需要信仰。我对信仰的理解就是"做对的事情、把事情做对"，或者说知道是"不对的事情"就别做了。难道还有人明知是错的事情还会做的吗？看看周围有多少人抽烟你就明白了。人们热爱做"不对的事情"，是因为这类事情往往有短期诱惑。巴菲特能有今天，最重要的是他清楚"不做什么"。

（8）做对的事情就是发现错了就尽快改，不管多大的代价都是最小的代价。

（9）很多所谓厉害的人，其实仅仅是因为他们一直在老老实实地做他们该做的事而已，单看每件事是很难看出来他们厉害在哪里的。厉害是攒出来的。

无论做任何事情，都要在实践中"想明白、想透彻，才能干明白"。然而想明白、想透彻不是一蹴而就的，是一点点积攒起来的。

2.4.10 回归常识，打破常识

有时我们要回归常识，但有时又要打破常识。回归常识讲的是你不能浮夸，脱离事物的本质，违背基本常理做事情。<u>打破常识却是让你不要被认知惯性束缚，那些看似再常识不过的认知，也许只是一个个路径依赖⊖而已</u>。这就是经营管理，要把握好度，面对具体情境做

⊖ 路径依赖（path-dependence），又译为路径依赖性，是指人类社会中的技术演进或制度变迁均有类似于物理学中的惯性，即一旦进入某一路径（无论是"好"还是"坏"），就可能对这种路径产生依赖。一旦人们做了某种选择，就好比走上了一条不归之路，惯性的力量会使这一选择不断自我强化，让人轻易走不出去。第一个使"路径依赖"理论声名远播的是道格拉斯·诺斯。

具体决策。这是管理的难度所在，也是魅力所在。管理是没有标准答案的。

2.4.11 解决客户痛点，找到自己的亮点

基于客户体验才能让企业持续成功，而这就需要企业用心去打造与客户相关的细节体验。基于模式和产品的企业是难以在新时代取得持续成功的。对企业来说，尤其是中国的民营企业，在新时代面前，要少谈些战略、少谈些营销、少谈些风口，多谈点客户体验、多谈点变革、多谈点口碑。

一位知名咨询专家说：**企业就是要认真、坚持、做透，解决客户的痛点，挖掘自己的亮点**。这几点我极为认同，在市场红利逐渐消减的大背景下，企业拼的就是内功。早期靠企业家胆识魄力建构起来的野蛮生长竞争力，要转变为认真、坚持、做透的精益增长。在解决客户痛点的同时，也要挖掘企业自身的亮点，即构建你的差异化竞争优势。

2.4.12 如何做品牌

真正的品牌是慢慢熬出来的！瞬间爆红的品牌很容易短命，所以做品牌的思路万不可往"网红"的路子上走。你走得很扎实，一不小心成了网红，那另当别论。品牌提升知名度，核心还得靠运营。运营层面的人不提升品牌意识，很难整体塑造品牌形象。做品牌要思考两个重要的问题：其一，做品牌的目的；其二，站在企业的高度看什么该做和如何做，什么是对什么是错，而不是站在个人角度。

知名度、美誉度、客户忠诚度共同构成了一个企业真正的品牌

影响力。有了品牌就拥有了流量，也就拥有了生意。品牌在一定程度上就是流量，但流量不等于品牌。流量只代表知名度，并不代表美誉度和客户忠诚度。因此，企业做品牌，一定要先做美誉度和客户忠诚度，也就是我们通常说的好口碑，之后再做知名度。很多企业通过营销手段获得了知名度，流量来了，但没有美誉度和客户忠诚度支撑，很容易昙花一现。

还要谨防品牌稀释现象。品牌活动如果无法协同，就容易稀释品牌能量，让很多动作变成无用功，还会消解品牌的含金量，这会导致品牌衰败。其实任何动作如果无法协同，都会变成乱动作，动作协同起来聚焦关键，才能有效实现目标。

第三章

组织的准绳

3.1 组织的常识

3.1.1 好组织的特点

一个好的组织,应该具备什么样的特点?这是每一个领导者都要认真思考的问题,并努力用实践去检验自己的回答是否正确。以下是好组织应该具备的一些特点。

第一,分工和协作。分工科学,同时能流畅协作。

第二,目标明确。方向要大致正确,并通过不断打胜仗完成既定的目标。

第三,命运共同体。不能松散无纪律,也不能有个人主义。

第四,法治大于人治。组织一定要基于制度而不是人情。

第五,具备人文精神。组织由一群人组成,它绝不是一台冰冷的机器,应该基于人性去管理。

检验组织有效性的是流畅度：信息流通的流畅度，部门协作的流畅度。检验组织能力的是感知力：感知顾客的能力、感知员工的能力、自我进化的能力。

3.1.2 组织能力是企业的核心竞争力

企业只有建成学习型组织，并形成独特的组织能力，才能在今天这个日新月异的时代持续领先，保持不败。组织能力是企业的核心竞争力，而组织能力的内核是学习力，进一步讲，企业的真正核心竞争力是学习力。

杨国安教授说：成功 = 战略 × 组织能力。我极为认同。企业要想持续发展，首先是不能出现战略失误，方向偏了，再强的组织能力都只会让企业在错误的道路上越走越远。然而，战略对了，如果没有组织能力支撑，企业也无法稳步发展。所以，这两者之间是相乘的关系，谁出现问题都会拖企业后腿。

我认为组织能力的铁三角是：企业文化、制度建设、人才培养。对应到杨国安教授的"杨三角"，即员工思维模式（企业文化）；员工治理方式（制度建设）；员工能力（人才培养）。

可惜很多领导者投入在组织能力建设上的时间和精力都远远不够，他们往往善于构建大战略，却忽视实现战略的组织能力。组织能力建设，它需要一点一滴地去夯实，一个细节一个细节地去呈现，一个问题一个问题地去死磕。它需要耐心、毅力，更需要智慧和洞察力。很多企业成于战略，却往往败于组织能力。

杨国安教授讲："成功企业的背后都有着高瞻远瞩、认定方向就坚持不懈的领导人。他们不受外界的浮躁风气干扰，抓准战略方向，专注于主业，然后脚踏实地打造组织能力，一步步做强做大。"**成功的企业，关键是领导者有正确的认知、不狭隘的人性和坚韧不拔的意志。**

3.1.3 组织协作的流畅度

组织能力的要点是协作的流畅度。没有部门墙，没有互相掣肘，彼此为了组织的目标共同努力。**组织协作的流畅度是检验一个企业能否持续成功的关键指标，就是指企业的各个部门能不能打破部门墙，协同起来为客户创造价值。**实际上，很多企业随着发展，部门越来越多，但协作却越来越难，互相掣肘成为常态。

而协作的关键是文化，文化应导向客户，并让你的管理导向一致性，而非彼此分裂。这就需要组织领导者持续解决分歧，找出破坏流畅度的诱因，把团队带到一致为客户创造价值的目标上来。这是一个艰苦的过程，这种文化不会自发形成，需要管理者操心、用心、尽心。组织协作流畅的道路是领导者用心血铺就的，它不是天然的路径。

组织的第一步工作是分工，即如何定岗、定责、定时、定量，确保工作拆分明确。然后是协作。确保大家的协作流畅，主要有以下两点。

（1）控制：通过绩效、工作流程、工作标准控制大家的工作行为，通过约束让大家协作。

（2）沟通：通过正式沟通、非正式沟通确保信息的流畅，近而确保协作。

3.1.4 考查组织能力的价值标准

宁向东教授说考查组织能力有三个价值标准。

（1）从你最有可能赢利的、忠诚度最高的客户开始思考，你靠什么可以把他们抓得更紧?

（2）从你独有的、具有战略意义的产品开始思考,究竟是什么让你的产品不可替代?

（3）你的组织是否有一些别人没有办法获得的战略性资产?

总结一下,就是抓客户的产品是什么?产品不可替代的独特点是什么?自家独有别人无法拥有的资产是什么?这是考查组织能力的终极思考。凭什么让组织长存?得从这三点来思考。这是考查组织能力的结果项,也是价值标准。如果从过程项来思考,也是行动标准,就是以下三点。

（1）如何感知员工。

（2）如何感知客户。

（3）组织如何进化。

3.1.5　组织活力的前提是思想活力

如何让组织有活力?**任何一个有活力的组织,前提是思想有活力。**思想僵化就会导致团队固守成法,面临新的形势没有积极反应。这必然会使组织被市场淘汰。

思想的活力体现在组织是否允许不同的声音充分流动,是否允许大家质疑权威,是否允许反对之声存在。一言堂、集权这些不良的组织形态都会成为组织活力的毒药,必须大力加以清除,长期存在就会成为组织的灾难。同时,合理地评估价值、分配价值是组织活力的保障。

3.1.6　毁灭组织的三种"慢性毒药"

一个组织的毁灭,往往不是因为发生了什么天大的事儿,而是那些你瞧不上眼的细微之处出现了问题。在管理中,就要防微杜渐。

以下三种情况就是毁灭组织的"慢性毒药"：

（1）小事大问题。一些日常小事，大家都不当回事儿，漠视它忽视它，有些管理者还美其名曰"抓大放小"。管理者的确要抓大放小，不能事事都抓、事事都管，否则会掉进事儿里。然而有些小事却是大问题，涉及价值观、习惯、思维方式，管理者必须有足够的敏锐度去纠偏、较准，否则这些小事就会慢慢毁掉组织文化、氛围、管理。在管理中，你需要不断磨炼你的敏锐度，有些看似是小事，但它可能反映的是一个大问题，不重视就会埋下隐患。所以管理要在实践中不断进行校准和修正，避免这些小事发展为大问题。

（2）小问题叠加。当组织出现小问题时，大家都觉得没事儿。一些管理者认为，问题是解决不完的，要容忍混乱、无序、不确定性，因此有些小问题存在很正常。但量变会引起质变，小问题会叠加成大问题。你要关注的是，今天出点小问题、明天出点小问题，或者说每个部门都出点小问题，会不会叠加到一起形成大问题。往往，我们忽视了小问题的叠加效应，导致最后形成不可逆转的大问题。

（3）合成谬误。每个决策单独看都是对的，但合到一起就荒谬至极，这就是合成谬误⊖。组织管理是一个系统工程，它无法从整体拆分成局部，所有的决策必须放在系统下和组织目标中综合思考，否则很容易形成合成谬误。

应用到日常管理中来，如果你做的决策，就单个决策本身来说是对的，但这些决策叠加起来可能构成合成谬误，也就是说这些决策合

⊖ 合成谬误（fallacy of composition）是萨缪尔森提出来的，对局部说来对的东西，仅仅由于它对局部而言是对的，便说它对总体而言也必然是对的。在经济学领域中，十分肯定的是：微观上对的东西，在宏观上并不总是对的；反之，宏观上对的东西，在微观上可能是错误的。

并起来构成的整体可能是错的。组织是由多个部门组成的，组织的发展不能单纯依赖于某个决策或某次成功，必须是整体决策不出现大的失误才行。因此，管理者在做决策时，必须把每个单独的决策放在宏观或全局的角度考量。合成谬误是一个经济学术语，是我们要谨防的危险。有两点启发我们要重视：

（1）管理者要有长期思维和整体思维，不能以单一行动和决策来论对错，任何行动和决策都要放到长期和整体视角来看待。

（2）企业的各个部门很容易站在自己的视角来行动，然而它们很可能无法契合组织的整体目标，因此管理者一定要让部门协同起来。

3.1.7 小事大问题 vs 大事小问题

很多管理者喜欢秋后算账。就是遇到小事，一笔笔给你记下来，等到积累多了，然后算总账。很多老板和高层面对大事就跳起来，而无视组织日常发生的一些小事，发现了也觉得无所谓。这有几个原因：一是他们认识不到小事的危害；二是他们嫌麻烦；三是他们认为管理就是解决大事。这就导致他们无视一些琐碎的小事，认为这些小事不会给团队带来麻烦。历史上有很多解决轰轰烈烈的大事的名人，大家都以其为榜样，而忽视了那些日常中把一个个小事解决了而不让大事发生的人。

一家企业，如果重视那些解决大事的人，忽视那些解决了小事而不让大事发生的人，那么它一定会让大事越来越多，最后企业因不断发生大事而死掉。<u>真正优秀的管理者不是去解决轰轰烈烈的大事的人，而是那些不断解决小事而不让大事发生的人</u>。因此在组织发展中，一定要认识到小事可能带来的大问题，以及你认为天大的大事，可能真是小问题。

3.1.8 组织的心智模式[1]

彼得·圣吉在《第五项修炼：学习型组织的艺术与实践》中说："心智模式根深蒂固的惯性力量，会把最杰出的系统思考智慧淹没。"你懂了很多道理却依然过不好这一生，因为这些都是表面的道理，它与你的内在心智模式是冲突的，也就是你并未真正理解这些道理的内涵。哈佛大学组织学习学教授克里斯·阿吉里斯说：尽管人们不完全遵照自己口头"声称的理论"（他们所说）去行事，但是他们一定会完全遵照自己"实行的理论"（他们的心智模式）去做。你声称的理论，如果与实行的理论也就是你的心智模式相冲突，你会被自己的心智模式所困。

不难看出，一些组织宣扬的与它们实际遵从的道理是两回事儿，实际遵从的是组织的心智模式，宣扬的是表面高大上的崇高理念。确保组织心智模式没有偏差或谬误，才能确保组织行动正确。因此，我们必须不断反思和修正自己的假设和心智模式，才不会脱离实际情境，从而避免自己犯错误或走弯路。

3.1.9 组织的常识

很多组织出问题，并不是因为懂的管理知识太少，而是懂的常识太少！就像你懂得再多的人生道理，但缺乏基本的人生常识依然过不好这一生一样。道理永远只是道理，它只停留在抽象概念中。而常识是基本的做事方式。**道理与实践之间隔着一个太平洋，而常识是实践的近邻。**那么组织应该具备哪些常识呢？

---

[1] 心智模式又叫心智模型，是指深植于我们心中，关于我们自己、别人、组织及周围世界每个层面的假设、形象和故事，深受习惯思维、定式思维、已有知识的局限。

（1）人是核心，其他都是工具。

（2）以客户为中心，而不是以领导为中心。

（3）激励是根，沟通是魂。

（4）学习力才是核心竞争力。

（5）质量比数量更重要，做到比说到更重要。

3.1.10　关于组织的几个要点

（1）影响组织发展的三个关键：文化战略；流程制度；素养技能。文化是根基，战略是方向；流程是河流，制度是堤坝；素养是习惯，技能是功力。

（2）组织三原则：情是基础；理是本质；法是关键。情只是基础，不能搞道德绑架；理是本质，组织要以理为核；法是关键，要讲规则，无法则乱。

（3）组织的纪律性。一个组织想要良性发展，绝不能出现以下问题：第一，个人利益凌驾于组织之上；第二，资本驱动强于产品驱动；第三，处理问题依人情而非制度；第四，人性的贪婪而非公平、正义的价值观占据上风。

（4）为基础工作赋予意义。<u>一些基础、琐碎的工作构成了组织的地基，能否把这些工作做好，是卓越组织与普通组织的分水岭</u>。要让团队做好基础、琐碎的工作，管理者要通过各种管理措施赋予简单事物以深刻的意义，让大家感受到这些工作的价值。这也是检验管理者管理水平的关键要素。

（5）信任。"用人不疑，疑人不用"的观念在基于经验治理或基于亲属特性的传统组织模式中才成立。对现代组织来说，"用人要疑，疑人要用"。用人要疑，就是组织要保持理性，有一套监督机制让人不犯错误。正因为有好的治理机制，即使疑人也可以用，这彰显的是组织能力。

（6）积极反馈。哈佛大学法学院教授希拉·赫恩在《难听的话更要认真听》这篇文章里讲，"反馈至关重要，原因不言而明：反馈能够提高员工业绩、培养人才、统一目标、解决问题、指导员工的晋升和加薪并提高公司利润额……反馈在很多组织中都不见效，因为这个过程触发了人的两种核心需求之间的紧张关系：学习与成长的需求和被他人接受的需求"。

从赫恩教授的讲解中我们能明白反馈很重要，但同时反馈又很难见效，原因在于：一是组织没有接受反馈的企业文化；二是领导者不敢反馈或不愿反馈、没耐心反馈。员工既想成长和学习，又希望被认可、被接受，领导者的反馈容易引发这两种心理需求之间的紧张关系，导致员工拒绝接受反馈、领导者不愿反馈。反馈是管理者的职责，每个管理者都必须学会反馈，问题和不足要反馈，做得好的更要反馈。"睁眼瞎"的管理者——员工做好做坏都"看不见"，基本无法带好团队。

3.1.11　信息与反馈

信息是我们在管理中做决策的关键，没有全面充分的信息，就容易出现决策偏差。管理要不断做决策，而决策的关键就是信息。同时，信息也是个人成长的关键，没有有效的信息，认知和行动就会受限。

在管理中，获取信息的一个重要途径就是反馈。领导者要想方设法获取反馈，就是得有人给你反馈真实有效的信息。同样，领导者对下属的反馈也要周到细致，以便下属更好地成长。因此，领导者要扮演好信息枢纽的角色，一方面搜集信息，一方面分享信息。

信息的流畅度和丰富度，决定了管理的质量。组织信息互动频率越高，组织能力就越强。但随着企业发展，人员变多、部门变多、层级变多，信息会被层层卡住，这就会制约运营的效率并影响决策的质量。因此，随着企业规模的扩大，关注组织信息的流畅度变得尤为重要。

3.1.12　信息流通与组织管理

《领导力与新科学》一书中讲道："**任何开放系统都有能力对变化和无序状态做出反应，在更高的组织水平上重新组织自我。**"组织如此，个人也是如此。保持开放，就能接收更多信息，无论有利或不利，进而为改变打好基础。有时，无法改变，不是因为不想改变，而是因为没有足够多引发改变的信息。信息是提升认知的关键因素，真正的认知提升才能促进改变。

那问题来了，如何保持开放？

（1）针对个人，刻意训练开放心态。这是个难题。人性抵触开放，所以人慢慢会封闭自己，这样可以心安理得地停留在舒适区。开放就会面临焦虑、不确定性。因此，开放需要刻意训练，没有任何捷径。

首先，试图接受一切新事物，规避习惯性地否定新事物，不让自己的旧思维屏蔽新思维。

其次，修炼心性，提升格局。接受异己、批判、负反馈，这些人性抵触的问题，都是自我迭代的机会。

（2）针对组织，要让信息充分流通。信息畅通，才能让组织获得及时的反馈，为决策提供更有效的依据。组织要通过制度建设实现以下几点：

第一，报喜也报忧。好的要看到，不好的更要看到。

第二，问题及时获得反馈。

第三，分享相关信息并达成组织共识。

第四，及时解决反馈的问题，并举一反三，解决相关问题。

3.1.13 重视组织能力转型

如今经济下行压力变大、政策收紧、竞争白热化，企业由原来的市场驱动向管理驱动转型，也就是由抓市场红利向夯实内功转变。因此企业必须由只重视资源、营销向重视组织能力转型。

这对不少企业来说，都是一项巨大的挑战，因为很多人适应了捷径和立即见效，甚至习惯了投机，而组织能力转型是需要长时间下苦功夫、笨功夫才能见效的。

3.1.14 组织学习

组织的未来是通过不断学习干出来的，而不是规划出来的。再好的未来都无法通过规划获得，而是通过强大的组织学习获得。组织学习是指组织能不断打破惯性去适应环境的变化。这对每个组织来说都是一个很大的挑战，因为任何一个组织都拥有强大的惯性，足以吞噬任何变化的可能。

如何使组织学习变为可能？

（1）文化变革：让组织拥有更多元的文化，而非单一的强文化。

（2）人才多元：要在组织的任一层级，尤其是高层，打造具备多元价值、多样才能的人才梯队。

（3）管理多样：不要固化任何一种管理方式，要让管理方式多样化。

3.1.15 职能部门做什么

职能部门建设是企业发展必须要过的关，但建了职能部门不一定能解决你想解决的问题。清楚职能部门该做什么，无比重要。主要关注以下几点：

（1）如何高效地服务一线。突破思维定式，不断优化、改进自己的工作方式，工作要去形式化和去全面留痕。

（2）如何专业地服务一线。基本功（思考的深度、基础技能、工具运用）；专业技能；深入业务（了解实情，深入实践）。

（3）通过建立合理的制度、标准、流程来规范工作，而非依赖报告、培训来解决问题。

（4）切忌自己成为一线的负担和障碍，要深入一线了解实际，不能停留在想当然或自我中心思维上。

3.1.16 如何实现高绩效

谁都希望获得高绩效，老板、高管、中基层管理者一味地追求高绩效，往往拿不了高绩效，结果只会不尽如人意，甚至无绩效。**高绩效源于正确地对待员工**。一个组织或一个管理者，怎么对待员工，就决定了绩效的高低。绩效由员工创造，员工如何被对待，就会如何去工作及面对自己的组织。你把员工当螺丝钉、当奴隶、当工具，他们怎么可能发自内心地热爱工作和企业呢？

正确地对待员工，就是要回答"如何有效地管理？"这个问题。

一切管理问题，背后都是组织问题或激励问题——组织不好，必然低效；激励不到位，必然无活力。**效率和活力是管理的两大核心问题，一切管理活动都要围绕这两点进行。**组织涉及分工和协作，分工不明确会导致低效，协作不流畅也会导致低效。组织好，才能高效地完成任务。激励，涉及选人、晋升、奖罚，选什么人不选什么人、晋升谁不晋升谁、奖励谁处罚谁，都会直接影响团队的活力。激励到位，才能让组织充满活力。因此，当管理中出现问题时，不能就问题思考问题，而要系统思考，看看组织和激励的问题。

3.1.17 组织决策

企业想要发展，就要由单人决策变成组织决策。只有老板说了算的企业，老板就成了组织发展的最大障碍。

组织决策有以下两个要点。

（1）决策机制。组织要通过机制和制度设计提升决策质量和解决决策问题的能力，进而实现以下目的：①由个人决策到集体决策；②规避从众心理（羊群效应）；③降低单人决策影响力；④制度化，形成组织质疑能力；⑤提升执行与纠错的响应速度。

（2）民主与集中。集体决策是一种民主决策方式，但会因彼此意见分歧而产生混乱，从而带来低效和内耗。集体决策若导致混乱，就需要有人来拍板，因此要赋予相关人员拍板权或一票否决权，即集中。

在对与对之间相持不下时，任何行动都会成功，这就需要拍板权。在对与错之间相持不下时，任何讨论都是多余的，就要终止讨论，鼓励对的，这也需要拍板权。在错与错之间相持不下时，任何行动都会失败，这就需要一票否决权。

3.2 制度的威信

3.2.1 没有制度的管理就是伪管理

<u>企业发展过程中,要从领导者个人威信向制度威信转变。这样,组织才能规避对个人的依赖,实现把能力建立在组织上</u>。组织建立起制度威信需要注意以下要点:

第一,领导者尊重制度,把自己放在制度之下,杜绝把个人凌驾于制度之上。实现由老板的企业向企业的老板的转变。

第二,管理决策必须依据制度而非个人感觉。

第三,管理行为要参考制度要求和规范。

第四,把例行流程梳理进制度,用制度的确定性应对管理实践的混乱。

管理若不能形成制度、职责、绩效等客观规范,就无法真正有效。随着企业不断发展,业务量开始增长,会面临很多风险与问题。完善的规划、清晰的职责、合理的运营系统和适当的制度体系,是解决企业成长问题的关键。制度化、流程化、标准化、规范化建设是企业发展过程中必须要完成的任务,否则企业就不要发展过大,不然越发展风险越大。

管理必须向制度靠拢,在洞悉人性的基础上,以人为本,制度为形。对大多数企业来说,制度建设是在今天这个时代必须要做的基础工作。否则,企业寸步难行。制度建设要按照以下步骤:制定——培训——执行——考核——优化。这也是管理者开展工作的重要逻辑。

中高层管理者要做好管理,就要不断地制定制度,培训制度,执行制度,再围绕制度进行考核,最后对制度进行优化升级。基层管理者要做好管理，也是这个逻辑，他们针对的可能是更基础的一些细节标准。总之，做好管理离不开制度，没有制度的管理就是伪管理。

3.2.2　有效的制度建设基于管理实践

一个组织想持续发展，必须从人治转向法治，就是用制度规范行为，激发团队活力。而制度建设的源头是什么？一是观念，二是价值观，三是伦理道德。制度建设不能单纯从制度本身考虑，必须基于以上三点。

制度建设有两种模式，一种是从实践经验和需求中慢慢长出来，一种是理性的周全设计。真正有效的制度一定是前者，它是结合经验中的惯例、情境和需求而来的，也许不完善，但实用、有效。而后者看似完美，但因为脱离实际状况，难以执行、不接地气。我们在制度建设时，不要求全和完美，而要结合实际慢慢让制度长出来。

管理是要看情境的，没有任何一个理论和方法能放之四海而皆准。因此，要看准企业的具体情境，有针对性地制定出合理的制度来。在制度建设中，很多人喜欢大而全，劳民伤财搞出完善的流程标准，一执行发现全落不了地。制度建设一定是先粗后精，是基于解决实际问题设计出来，在管理实践中不断优化升级的过程。宁向东说："对于一个企业真正有效的制度，都是结合自己的业务工作不断整理出来的。"

衡量一个制度好不好，从三点来看：

第一，易学性。就是一线人员容不容易学会。

第二，合理性。设计得是否合理，是否符合业务运作的逻辑。

第三，实践性。是否好落地，是否符合业务实际情况。

3.2.3 如何设计出高水平的制度

管理者发现了问题,就要想办法解决问题。而能够长久持续地解决问题,就得依靠完善的制度。如何设计出高水平的制度?

首先是靠经验,即你对要解决的这个问题的认知和理解。这个经验也许是你的直接经历,也许是通过沟通交流获得的间接经验。这是基础。如果不了解实际经验,就容易导致自我中心、教条主义,导致你设计的制度表面看逻辑自洽,实际上无法执行或者细节漏洞很多。

其次是靠理论,针对你设计的这个制度,进行抽象思考,归纳出这个制度的规律。<u>想明白才能干明白,多思考一下表象背后的本质,才能规避很多问题。</u>

3.2.4 制度设计五要素模型

中国人民大学的许玉林老师提出了组织行为管理制度设计的五要素模型(见图3-1):"战略是制度设计的前提,组织运行追随战略,人力资源管理追随组织运行,基于这三点形成制度体系,而制度解决不了的问题靠文化整合。"下面结合实践对许老师的思想解读如下。

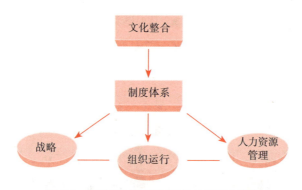

图 3-1　组织行为管理制度设计的五要素模型

（1）战略。"战略是基于未来和人性。"战略一定要想清楚现在做什么才有未来，未来视角很重要。同时，思考要基于人性，任何违背人性的战略终将把组织带向灾难。"有战略才做事，还是在做事中形成战略？是后者。"战略不是想出来的，一定是干出来的。很多人认为战略是制定出来、设计出来的，这是误读。

"清楚地知道未来要做什么，然后研究怎么做，包括远景（愿景）、目标、方法三要素，这就是战略。"知道未来做什么及不做什么，才是真正的战略，才能聚焦。围绕远景及目标形成方法体系，因此"战略是一套方法体系"。"战略的核心是绩效；领导力的核心是绩效；执行的核心是绩效。"战略是否到位，最终由绩效来检验。

（2）组织。许老师指出，跟以前的旧组织相比，基于互联网的新组织有以下几个主要特点：①以团队为基础；②与供应商和顾客有更密切的联系；③结构更扁平，对变革的反应更加灵敏；④在劳动力的构成上更多样，在日益全球化的经济中能更有效地运作。

"管理的命题是从组织开始的，组织是战略实施的载体。管理的根本问题，是组织的专业化分工问题，组织的效率来自精细和专业化的分工，组织效率是专业化分工的结果。研究组织的微观问题，首先要研究组织的功能和定位。"

在搞清楚组织功能和定位的基础上进行专业化分工，也就是工作分析——"把一项复杂的工作尽可能分解成最简单的工作任务"，由此才能做工作评价——"用同一把尺子衡量岗位的价值，以确定岗位的薪酬水平"。在工作分析和工作评价时，很多人纠结于定量问题，他们认为只有数据化才叫定量，其实"只要把一项工作分解成可以操作的执行单位就是定量"。"工作评价有四要素：责任，知识、技能，努力程度，工作环境。"

（3）人力资源。"人力资源战略与规划解决的是人与工作匹配的问题；企业文化建设系统解决的是人的问题；组织与工作管理系统解决的是工作问题。"许老师用图3-2将人力资源战略与规划中的关系和结构表述得非常全面准确。

很多时候，我们在管理中把人与事混为一谈，用解决事的办法解决人的问题，用解决人的办法解决事，最后发现效率低下、成果模糊。解决事也就是工作问题，用分工来定责；解决人的问题用文化来激发。

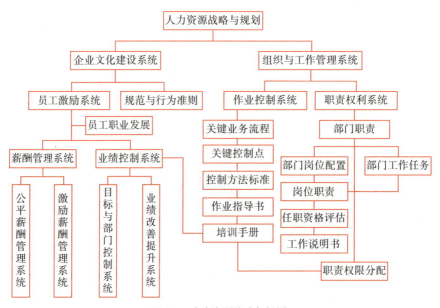

图3-2　人力资源战略与规划

"在组织与工作管理系统里，职责权利系统解决的是专业化分工问题，作业控制系统解决的是工作之间的关联问题。这两点也是组织解决效率问题的两个维度。"很多时候培训无效，原因就是没有找到培训的切入点和要领。培训主要有三个方向：做什么？怎么做？如何改进提高？由图 3-2，我们可以清晰地得到答案："做什么，从职责中来；怎么做，从流程中来；如何改进提高，从绩效中来。"

（4）制度管理。制度管理由两部分组成："制度设计的技术解决方案；制度的管理思想。"首先你要知道怎么设计，然后搞清楚自己的设计思想是什么。基础性的人力资源管理制度体系如下。

员工发展计划：培训与开发、工作设计等。

员工保障计划：职业安全、职业保障等。

员工管理计划：人员管理的规章、制度。

"<u>制度是基础，文化是上层建筑。</u>"<u>一切管理都得靠制度落地，不能形成制度体系，文化只能是高高在上的空谈或者完美的口号。</u>

（5）文化整合。文化整合是指不同文化相互吸收、融化、调和而趋于一体化的过程。这一概念起初由文化人类学、文化社会学界提出并关注，后渐渐被地理学者重视，成为文化地理学研究的一个重要方面。当前的企业管理领域也常常用此概念解释和指导组织文化管理，主要指组织内部的不同个体，通过吸收、学习、整合，最终创造出先进的价值体系的过程。

3.2.5　组织流程化，流程制度化

很多公司已经显露出流程缺乏的弊病，如各自为政、协作不畅、主观随意、责任稀释等。虽然还不严重，但问题已经在发酵。这些问题不解决，公司未来就会走向低效、相互掣肘、混乱、官僚化，最终走向衰败。因此，必须将松散的组织变革成流程化组织。这项变革的成功需要具备以下几点。

（1）对事负责而非对人负责：在企业早期，有一些突出的领导者和管理者，能力出众、经验丰富，因而逐步形成组织"以人为中心"的运转机制。而流程化就是要把这些"人"的影响消解掉，形成制度化的运转机制，大家对事负责而不是对人负责，从而提高人才孵化和组织运转的效率。

（2）端到端打通：从客户需求出发，再通过流程活动把优质的产品和服务提供给客户。把不必要的、低效的、阻塞的工作全取消掉，实现组织流程高效运转，实现任正非强调的流程的三个作用：正确及时交付、赚到钱、没有腐败。

（3）例行变多，例外变少：通过流程将经验制度化，让例行工作变多，例外工作变少。一个组织例外工作越多效率就越低下，但没有例外又说明组织陷入僵化。

（4）信息流与工作流同步：工作的流转要有效，必须匹配相应的信息流。很多组织工作流跑在前面，信息流没跟上，这就导致低效和混乱。信息流与工作流同步，流程运转就能畅通高效。

企业由创业期到成长期，必须从经验化、随意化、个性化转向规范化、标准化，即制度化。无法实现流程制度化的企业，要么无法持续发展，要么无法扩大规模。组织发展只有真正实现流程制度化，才能真正走向正规。在组织里，所谓流程就是通过一些资源输入，再通过关联活动，最终输出给客户需要的产品和服务，实现价值创造。结合实际经验，再进行抽象总结，把流程相关活动及要求形成规范化的制度，是组织专业化非常重要的体现。制度化包括三个步骤。

- 制度建设：好的制度建设要么基于战略需要，要么基于解决实际问题。

- 制度执行：制度建设好后，就需要贯彻执行，否则制度就没有任何意义。
- 制度优化：再好的制度也会有漏洞，要结合执行细节不断优化升级。

流程制度化，就是将从输入到输出的流程用制度规范起来，将好的经验固定下来。而制度流程化，是把零散的制度镶嵌进工作流程或活动流程，让制度串起来形成联动效应。最终实现组织流程化，流程制度化。

3.2.6 愚蠢的制度是如何产生的

在企业里愚蠢的制度遍地都是，比如有违人性、死循环、反作用力等。那么，它们是怎么被制定出来的？基本由以下问题导致：

（1）人是手段。人的存在和生存本身就是目的。我们要尊重人、尊重人性，一切制度、决策、行动都是为了让人更好地生存和开展工作。然而规则制定者把人变成了手段，变成了工具，必然使规则远离人性，变得怪诞。企业永远服务于人——客户、员工或股东，而不是服务于某个目标，把人当作手段。

（2）办公室里论天下。不深入一线，只待在办公室里做决策，想当然、单凭老经验。远离一线制定出的规则，基本都会背离一线的需要。

（3）功利主义。急功近利，不考虑实际情况，为了完成目标而完成目标。一项规则除了要达成目标，还必须考虑达成目标的手段和过程是否合理。**目标的正确性和合理性，并不能取代过程的正确性和合理性。**

（4）狭隘的视角。片面、单一、窄化等狭隘的视角，使得管理者无法看到更多可能和更多问题。他们制定的规则往往实现了 A 却破坏了 B。不能统观、综合的规则，必然漏洞百出。

（5）目光短浅。只看眼前，不看长远，短视之下必是浅见或陋见。有些眼下看没问题的规则，却会破坏组织的长期发展。失去长期主义的规则，很容易成为长期的大敌。

（6）权力寻租。通过权力获得好处和利益，这样的规则必然泯灭人性。很多企业高层成为法外狂徒，他们制定规则但不遵守规则，甚至带头破坏规则。特权横亘之下的规则，必然滋生腐败，也必然牺牲规则约束下的人。

（7）道德感缺失。很多时候，制度是道德的补充。在特殊时期和模糊环境下，制度就是受众可参考的准则、可参照的道德准绳。缺乏道德感，丢失基本良知，这样的规则制定者必与人性为敌。

（8）自我膨胀。"权力产生腐败，绝对的权力产生绝对的腐败。"权力在握，人就容易自我膨胀，会失去当初获得权力时的良好品行——共情、同理心等。权力让人变蠢，让人无视自己的问题、高估自己的能力、低估问题的严重性。

（9）各扫门前雪。企业各部门只考虑自己的利益或自保，各自为政，不顾及他人的利益。凡自私的导向必然会作恶。

这九大问题，必然会使一些企业领导者制定出愚蠢、荒谬的制度，破坏企业的凝聚力、向心力、信任感。混乱、反感、愤怒、怨恨也由此产生，给企业发展埋下大雷。

3.2.7 制度的执行：持续校准

管理需要不断制定标准和制度，然而这只是开始，真正的管理工作是在标准和制度基础上的持续执行。在标准和制度执行的过程中，校准必不可少，要不断围绕标准和制度，深入实践，看大家的行为是否与之相匹配。匹配了，给予鼓励；不匹配，就给予反馈并修正，直到与标准和制度匹配为止。管理就是一项持续校准的工作。

很多企业都会谈流程、制度、标准，也会花大力气制定这些规范化的管理措施，但最终无法实现自己预期的目标，甚至一些企业花大代价请专业的咨询公司制定详细的规章制度，结果发现也解决不了问题。其根本原因不在制度建设，而在制度执行。一个无法落地执行的流程、制度、标准，等于一堆废纸，它只是让企业妄以为有管理的假象而已。很多时候我们有标准和制度，管理者依然会行事随意，不按标准和制度执行，这反映出以下问题：

第一，管理者没有养成敬畏规则的习惯。

第二，企业的执行力存在问题。

第三，人性的惰性使然，总有人喜欢走捷径和投机取巧。

管理者需要捍卫标准、敬畏规则，如果不具备这点或没有持续改进，那就要考虑他们是否适合做管理！

3.2.8 制度落地的体现

如果必须通过考试、要求才能掌握制度、按制度办事，那说明制度压根儿就没有落地。制度真正有效落地体现如下：

第一，大家自然地按照制度和规则做事，形成一种秩序。

第二，不需要翻看制度也知道什么该干什么不该干，制度和规则内化成习惯。

第三，管理者日常的管理话语不是自己的想当然和经验总结，而是制度的延伸。

3.3 秩序之下的活力

3.3.1 规则和活力

组织会逐步形成一些成文或不成文的既有规则，包含制度、共同理念、习俗、惯例等。这些规则会让组织维持秩序、效率、同频，同时也会约束组织活力、创造力。对组织来说，只有活力是恒久不变的命题，其他都可能变革和优化。无论是产品、服务、环境还是经营，尤其是规则，更要不断变革和优化。

"组织如何保证既守住了规矩，又能够激励人做事情。"这是宁向东教授提出的一个问题，是管理者时刻应该考虑的核心问题。组织在发展中，会逐步用制度规范工作和大家的行为，这就使规矩变多，人和事受到的束缚增加。好处是它可以使组织程序化运转，坏处是它容易让组织僵化。因此，管理者就要思考在规则之下如何激发大家的活力，避免组织僵化。

成就组织的规则往往也会束缚组织的活力。在管理中，不断通过变革和优化来打破既定规则，确保组织活力，让团队去除模式化而呈现多样性，是领导力的重要体现。

3.3.2 思想自由与组织活力

周掌柜说："思想自由是企业高质量决策的保障。"

其实对一个组织来说，思想的自由才是真正的自由。很多领导者说我们提倡自由，但实际上他操控一切，不信任下属、不授权。领导者牢牢地控制着话语权，让大家变成了思想上的矮子。

思想的自由就是让团队能想自己所想和做自己所做——当然是正当和正义的事，不会受到威胁和胁迫，这必然给组织带来活力。

3.3.3 组织的适应能力

时代环境在变化，而组织已经在过往的环境中形成了一套模式，这时候就必须打破。如何适应不同的环境，是组织穿越周期持续成长的关键。因此，我们要把组织适应能力提上日程，思考如何构建这样的能力。

组织一旦取得成功，就会形成惯性往前跑，变革就变得极其困难。因此，组织在大获成功时，往往潜藏着巨大的危机，即形成惯性并抵御变化。组织沉浸在成功的喜悦中，并滋生傲慢和官僚作风，这会进一步消减团队应对危机的能力。由此，我们看出，组织最危险的时候并不是创业初期，而是发展期，最容易在成熟期步入灾难。**一个企业在发展中慢慢会形成组织惯性，过往成功的要素逐渐被放大，让组织产生路径依赖，很难跳脱出来和推动变革。**

海底捞以超级服务而闻名，然而如今环境变了，大众开始追求有品质的生活，或者说其他竞争对手已经在产品、环境等方面下了功夫，海底捞依然在搞服务，如变脸、表演跳舞等，显得很嘈杂，没有质感。此外，这些服务没有质的变化，环境冷淡而模式化。这就是典型的组织惯性，过往成功的要素会牢牢束缚你，制约新的可能性和变革。

3.3.4 如何避免组织惯性

组织惯性是组织发展的毒药，是我们在管理中要重点警惕的，它很可能让一个企业走向毁灭。如何避免惯性或让惯性力变小？这是我们时刻要思考的问题。

（1）形成变革的文化。组织要鼓励变革和创新，而对于延续和守旧要倍加留意。

（2）引进多样化人才。引进不同的人才或顾问，让组织充满各种独特的思想。

（3）开辟新赛道。用新业务冲击团队的旧思维，哪怕失败也是值得的。

在这个变化的时代，谁能打破组织惯性，谁就能长治久安。

3.3.5 组织同化与模式化

一个企业发展到一定阶段，就会出现组织同化现象，就是大家想法一致、行为一致，很容易同频和形成共识。这是企业发展的必然结果，也是一个好企业的特征，是企业持续发展的根基。然而任何事情都有两面性，组织同化也是企业发展的危险基因。

当一个企业出现组织同化现象，就会逐步趋向一致，就容易出现羊群效应和集体能力衰败。因此，一个企业如果想持续发展，持续具有创新能力和适应能力，就必须引入不同的人，来打破组织同化，为企业发展注入不同的基因。企业在成长阶段一定是共识和同频最重要，但进入成熟期后，异见和不同更重要。

人会逐步走入模式化，特定的穿搭、发型、工作方式、饮食及与特定的人交往，这个过程不可逆。因此，人会逐步走向"衰老"、守旧、固化、偏执，对新事物和新观点视而不见，甚至大加排斥。然后，人将自己的模式化带入组织，让组织也模式化，这是一个悲剧的结局。我们唯一能做的，就是让模式化来得晚一点或者影响小一点，让自己或组织慢一点走向"衰老"、守旧、固化、偏执。

一个组织要逐步进化才能适应环境，才能很好地生存下来。组织进化的关键就是信息能在组织内高效流通，外部消息和内部消息能快速而不变质地从高层流通到基层，也能快速从基层流通到高层。因此，一个组织不能只关注组织内部的事情，必须有多个触角去关注组织外部的动态。

3.3.6 组织的两种秩序

一个组织里有两种秩序：治理秩序和道德秩序。治理秩序靠制度，道德秩序靠信仰（某种价值观、信念体系）。

对企业来说，<u>制度形成治理秩序，信仰形成道德秩序。没有治理秩序，企业运营混乱；没有道德秩序，企业难以有凝聚力。</u>治理秩序告诉我们什么该干、什么不该干，它规定了行为的取向。道德秩序让组织拥有正确的伦理，能把大家的心和价值观凝聚起来，它有更强且难以被看见的力量。

任何治理都有局限性，真正凝聚人心一定是靠价值观。正如托克维尔所言："法律允许美国人做他们想做之事，与此同时，信仰禁止他们想象和做出那些鲁莽不义之事。"这句话给我们很多组织管理方面的启发。

制度只能通过明确哪些行为该有、哪些行为不该有，来确定组织成员想做的事、能做的事和不能做的事，但无法规定人的内心价值体系及心灵品格，因此只能靠价值观和信念构成的信仰来约束。很多组织之所以出现钩心斗角、山头主义、一盘散沙等状况，就是因为这样的组织没有道德秩序，大家形聚而神散。

3.3.7 辩证地看待秩序

（1）秩序下的自由。

任何类型的组织，必须具备一定的秩序，要么基于共同道德，要么基于共同规则。没有秩序的组织，也就无法真正组织起来，必然伴随着混乱甚至灾难。因此，对个体来说，我们追求相应的自由，但这些自由不是随心所欲的自由，而是秩序下的自由。大多数人把随性而为叫自由，其实那不是自由，而是放纵。真正的自由一定要有一定的限制，否则必然会引发灾难。

（2）自发秩序。

管理者总会有一种理性的自负，总想用理性规划出组织的发展步骤，美其名曰：战略。然而任何一个组织，既有规划的成分，也有学习适应后涌现出的自发秩序。往往后者更为重要，它是集合众人知识与环境碰触的结果，更有实践性和可持续性。而理性的规划往往会脱离现实或制约实践，这就是要提倡"方向大致正确"的原因。

<u>一个规划完备的组织，很可能也是一个僵化的组织。</u>它是乌托邦的产物，往往蕴含着灾难。

（3）习俗和惯例。

任何一个组织都有自己的习俗和惯例，这是它成功的沉淀。习俗和惯例是组织发展过程中的财富，不可忽视，要发展和优化。

一些极端的领导者，总想颠覆习俗和惯例，用自以为是的理性规划出完美的替代方案，结果往往发现它根本无法落地。因为，再好的规划和再完美的方案，如果没有群众基础，都等于零。这是管理变革中尤为要注意的。<u>好的管理不是完美的理想，而是接地气的可落地的扎实的实践。尊重习俗和惯例，是管理的基石。</u>

（4）秩序和混沌。

追求秩序是人的天性，这样可以减少焦虑和痛苦。人天生厌恶不确定性。然而一个组织一味追求秩序，追求控制，就会过分流程化和规范化，这就会出现"用一套愚蠢的规则和流程约束人的积极性"的现象。组织通过适当的流程和规范来建立秩序，同时也要允许甚至鼓励混沌，以获得创新和变革的机会。

也就是说，你要在组织的主流形态下允许边缘和异化，让不同和多样有出现的机会，哪怕是不好的——短期看会给组织带来麻烦的事情。

3.3.8 思想民主

领导者凭借自己的经验、接触的人、见识，拥有了深刻的洞见，这也是他们成为领导者的关键。而领导者应该认识到，他的这个优势很多时候是组织地位和组织影响力赋予的，他应该更加谦卑，知道什么时候该说、什么时候不该说。这就很好地杜绝了话语暴政和价值霸凌，能尊重下属而不会自以为是。

我们都知道民主可以集思广益，可以发挥群体的力量。我们要想办法避免特权存在，让管理尽可能民主化。而最能体现组织民主的是思想民主，正如麦肯锡文化所倡导的思想民主原则——应根据内容本身来判断一个想法或观念的价值，而不是应基于其来源的背景和资历。

组织实现思想民主，就是组织的最大财富，因为一切都源于思想。多元的思想从不同群体中涌现，就能让一个组织充满活力，同时看到更多真相。

3.3.9 自主性

传统的管理思路是：员工只有被充分控制，才能干好工作。因此，管理者设计严密的控制体系、命令体系来监督员工的工作。这种做法有两方面原因：其一，不相信员工拥有自主性。其二，管理者寻找存在感。实际上，一旦管理者激发了员工的自主性，将产生巨大的能量。因为<u>自主性是创造力、责任感的核心驱动力，是组织活力的关键因素</u>。那该如何激发员工的自主性？

（1）文化氛围：基于规则下的自由。

（2）管理策略：用赋能取代控制。

（3）工作形式：给予员工更多自主权。

3.3.10 观念与效率

组织管理有两个检验指标：好观念如何出现，这是因；如何产生成果或效率，这是果。

观念影响行动和成果，好的观念产生好的行动和成果。那对一个组织来说，怎么才能让好的观念涌现？唯一的途径就是集思广益，兼容并包，让观念优胜劣汰，好的观念自然会出现。最糟糕的莫过于只允许一种观念存在。当组织只允许一种或一部分观念存在，对异见或意见进行打压和排挤时，组织就会逐步僵化。

员工没有效率和成果，原因有以下几点：第一，骨子里的懒惰。第二，用消极怠工对抗管理者。第三，没有好的工作方法。第四，缺乏明确的责任和分工。在管理中，我们要找到效率低下的真正原因，以对症下药。针对第一点，要强管理；对第二点，要反思管理问题或员工心态问题；对第三点，要明确流程和程序；对第四点，要定岗定责。管理一定要结合具体情境去思考解决问题的办法。

3.3.11 乌合之众

《乌合之众》这本书中指出："当个人是一个孤立的个体时，他有着自己鲜明的个性化特征，而当这个人融入了群体后，他的所有个性都会被这个群体所淹没，他的思想立刻就会被群体的思想所取代。而当一个群体存在时，他就有着情绪化、无异议、低智商等特征。"

社会上存在这种现象，组织中也存在这种现象。这给我们提了两点醒。其一，警惕组织内的"乌合之众"，当群体心理形成时，要及时制止。其二，当企业内部事件发酵成社会事件时，理性毫无作用，要慎用理性。

3.3.12 平庸之恶

"平庸之恶"（the banality of evil），是一个哲学术语，指在意识形态机器下无思想、无责任的犯罪。**这是一种对自己思想的消除，对下达命令的无条件服从，对个人价值判断权利放弃的恶。**这个词是哲学家汉娜·阿伦特在研究希特勒屠杀犹太人时提出来的。我稍微延伸一下。如今平庸之恶无处不在，主要体现在以下几个方面。

（1）对上级下达的指令无条件服从。不思考它是否合理，是否道德，是否正义，无条件地服从并彻底执行。对于执行带来的问题以及灾难，你觉得自己没有错误、没有责任。"反正上级让我干的！"这是惯有的说法。这种恶在组织中无时不在，且具有极大的破坏性，甚至会给团队带来灾难。

（2）对个人意识的无条件服从。在工作和生活中，你逐步构建自己的价值体系，并形成自己的意识。①对自己的工作：稍有不顺心或不舒服，就懈怠、消极、抱怨，在这种意识的控制下，就减少付出、不负责任、恶意破坏。②对别人的付出：觉得自己优秀，精英的傲慢和自负让你把自己凌驾在他人和团队之上，在这种意识的控制下，你觉得别人对自己好是应该的，永远不满足，甚至把别人的好当罪过。

③对他人的恶：因自满、自负和自大，对他人失去谦卑、尊重、关怀，甚至失去人性之善。这种恶，几乎是一个普遍现象，藏在人性的深处。

（3）对他人意识的无条件服从。①对于他人的谣言、谎话，全盘接受，并大肆传播。②把他人的价值评判当作真理接受。一些人毫无逻辑地评判他人、企业、事件，大多是自我的价值映射。他们把这些评判当成真理接受，并据此形成自己的价值观念。

以上三个方面，背后是你的不思考、无责任，这就形成了极大的平庸之恶。这种恶往往是无形的、慢慢渗透的、无意识的，所以它更隐蔽，无论是你自己还是他人都觉察不到，但它带来的灾难往往比极端之恶还要大。平庸之恶，会让灾难加重！

3.4 对权力的约束

3.4.1 任何缺乏约束的权力都会成为阻碍进步的罪魁祸首

任何一种缺乏约束的权力都会成为阻碍进步的罪魁祸首。不受约束的权力,是组织发展的大敌,谁也逃不出权力黑洞的腐蚀——权力性的放纵。因此,在企业发展的过程中,如何进行权力约束是一项重要的课题。

(1)权力与真话。

拥有权力,尤其是比较大的权力——总监及以上级别,还能听到真话吗?答案是:不能。**权力的大小与听到真话的多少成反比**。由此推论,在权力顶端的人,基本听不到真话。为什么?

第一,不想听。在组织里,凡是真话都不好听,会让人焦虑、烦躁、郁闷。因此,一些领导者就不想听,听了会让自己难堪、难受、难过。谁会跟自己过不去呢?

第二,听不到。下属为了自保或者为了让自己的绩效好看,往往过滤掉坏消息,只报好消息。然而,那些坏消息才是重要的,那些好消息往往没那么重要。听到的往往不重要且无价值,听不到的才最需要被听到。

第三,听不得。因为每个人都有偏见和成见——级别越高的领导者这种情况越严重,偏见和成见以外的消息都会被他们自己过滤掉。我们听到的往往也是自己想听的!我们没有能力听到不同。

怎么办?

首先,自我修炼:好听的适当听,不好听的要好好听。

其次,打破信息封锁:让信息能自由流通,无论好消息坏消息,在制度和工具上解决信息畅通问题。

再次，关注谣言：对组织来说，"真相"往往为假，"谣言"往往为真。

最后，关注亚文化：那些组织不认同、反感、排斥的亚文化或边缘文化，背后都是真问题，藏着解决组织问题的答案。

（2）话语平等。

一个卓越的组织一定离不开信息的充分流动，尤其是不同的意见和思想，而这取决于组织的话语权有多平等。话语权越平等，组织越健康。但这很难，因为组织领导者都容易牢牢地掌控话语权，并打压下属的话语权，尤其是对于与他不同的意见和反对意见。开会时领导者振振有词，别人稍微一表达他就打压，这是组织的常态。因此，领导者要反思这个问题，要学会把下属该有的话语权还给下属，同时控制自己的话语权，这样才能让组织获得健康的发展。

（3）反对声音。

反对声音始于改善的渴望以及自我利益的实现，最终，它会让组织更健康、更客观、更理性。肯定声音很多始于讨好以及生存困境之下的谄媚，最终，它会让组织浮躁、自我、主观。肯定最终却带来了反对和消解。而肯定的对立面反对，最终却带来了肯定和加持。

3.4.2 老板的瞎指挥

在很多企业里，老板（也包含高管）认为一切都是他的，员工只是他实现自己目标的棋子，高管只是帮他管理员工的工具。因此他为所欲为，完全不顾及真相、事实以及员工的感受，把自己的面子、尊严看得比一切都重要。他们打压一切不顺从自己的员工，用执行力来衡量一切。如此这般，瞎指挥就成为常态！

（1）瞎指挥具体体现在：

①越级管理。很多老板都喜欢一竿子插到底，越过很多级去指挥和提要求。这样就把管理者架空，管理变成了老板的意志。

②老板的意志决定组织运转。老板把自己的意志凌驾在制度之上，制度形同虚设，或者只是用来管理员工，对老板自身却没有作用。慢慢地商业组织的运转，变成了按老板的意志运转。

③不懂装懂。老板觉得企业是自己的，想怎么样就怎么样。因此，他们觉得自己可以干涉一切，人力、财务、供应链他们都要去指挥，不懂也要装懂。

④玩权谋。在企业内玩权谋，利用一个部门或某个人去制衡另一个部门或某个人，谁优秀就打压谁。总之，就是要把企业的中高层掌控在手。

⑤瞎折腾。听了一门课或者认识了某个大师，抑或想到了一个好点子，就在企业里落地。无视组织的背景、员工能力、业务模式，硬推硬套。不停地瞎折腾，让企业疲于奔命，无法走上正轨。

（2）瞎指挥的原因：第一，无知（没文化）。不懂得商业运行法则，不知道组织运行规则，不懂得人性，使得他们无视一切，缺乏敬畏规则之心。这样，他们就会想当然，以自己意志为上。

第二，要面子。把面子和尊严看得比其他一切都重要，坚持自己的观点和决策，无视客观现实。因此不承认错误，不去面对自己的错误，还会用各种方法掩盖自己的错误。

第三，权力悖论。老板创业成功，或者员工从基层走上高层，都因为他们当初拥有一定的设身处地为他人（客户或员工）着想的能力。然而，一旦拥有了权力，或者拥有了威信，就会出现心理学教授达契尔·克特纳提出的"权力的悖论"（power paradox）：我们一旦拥有权力，就失去了某些我们最初获得权力时所需的能力。

3.4.3 如何面对老板的瞎指挥

（1）不盲从。一些管理者或员工，脸朝向上级，屁股朝向客户。他们唯老板是从、唯高管是从，从不思考，陷入平庸之恶。不要盲从，哪怕稍微转化一下，不把老板或高管愚蠢的决策执行到底，也能避免愚蠢决策带来的负面作用。

（2）不作恶。拿着鸡毛当令箭，老板或高管一个眼神，都被奉为"圣旨"，变本加厉地折腾组织和员工，这是作恶。面对老板的瞎指挥，即使不能直言相谏，至少保证不作恶。

（3）有人性。任何时候，人是第一位的，我们要尊重人性。我们不能改变什么，但至少要有人性，力所能及地考虑员工和团队的感受，让愚蠢的决策落地时不那么强硬。

<u>好的企业一定要由老板的企业转变为企业的老板，用制度代替老板运营企业，这是企业的出路。</u>老板瞎指挥，团队乱作为，这样企业迟早会被淘汰出局。不丢掉人性，不无视客观、真理、真相、事实，是美德。

3.4.4 论老板的官僚主义

一般来说，组织的官僚主义都源于老板（当然也包含高管）。

首先，是装。老板大都喜欢装，不装的老板不多。站在权力的顶峰，他们需要特别的形式和符号来彰显自己，团队为了配合老板表演，就会搞很多彰显老板权势的形式主义。形式上有人拿包，有人开车门,老板有豪华办公室,有漂亮秘书;精神上,员工虚假地赞美老板英明,不加思考地认同老板……

其次,是服从。老板以自我为中心,毫无顾忌地干涉员工工作,甚至打扰员工的生活。他们可能会在任何一个部门的会议现场推门而入;可能会半夜给下属打电话安排事情;可能会不顾下属已有的工作计划直接下达工作指令;还可能会把自己的喜好强加给下属;更可能会在聚会时让下属没完没了地喝酒……从中都可以获得一种员工服从后的满足感,最终彰显自己的权势。

老板的官僚主义,会带来以下灾难:

(1)形成组织官僚文化。高管和团队会传承,甚至发扬老板的这套形式主义。

(2)塑造虚假的文化氛围。大家只挑好的说,你好我好大家好,没人讲真话。

(3)滋生腐败。为了满足领导的权力欲,员工可能进行精神贿赂或物质贿赂。

(4)消解组织能力。大家一味地服从,而缺乏决策能力,这就让组织权力集中,最终产生组织僵化,无法真实地感知员工、感知客户和自我进化,而这是组织能力非常重要的三点。

3.4.5 组织发展的大敌——官僚主义

官僚主义,这个我们最熟悉也最陌生的词,是让我们最痛苦和最悲哀的源泉。熟悉是因为我们都知道这个词;陌生是因为我们并没有确切地理解其含义和指称;痛苦是因为我们都深受其折磨而无处逃遁——工作中无处不在的官僚主义让我们身心疲惫,但又不得不把人生大把时间用在工作上；悲哀是因为我们随时会染上官僚主义，却不自知。

什么是官僚主义？它复杂、多变、含糊、宽泛。但官僚主义有几个基本特点：

（1）该自己做的事让别人做。

（2）能做的事情不愿做。

（3）会做的事情不想做。

（4）简单的事情做不好，复杂的事情做不成。

（5）态度强硬牛哄哄，不可一世。

（6）以权谋私，欺上瞒下。

组织规模扩张后，官僚气息、腐败、怠惰等问题会增加，因为会产生大量看不见的管理。官僚主义有两个典型特征：地位性懈怠；权力性放纵。当一个人拥有了地位，他就会懈怠，开始不努力、啃老本；当一个人拥有了权力，他就会放纵，就会无视下属的感受，无视制度的约束。这是企业里高层管理者的通病。<u>官僚主义是组织发展的大敌，它会让组织变得混乱、消极、相互掣肘，进而使组织协作变得困难，并产生严重的办公室政治。</u>

官僚主义最常见的表现就是上级对下级的奴役。打着为你好的旗号奴役你是大恶。表面为你好，其实上级是想控制你、约束你、规训你、奴化你。这样的人在我们身边比比皆是，如权威、专家、领导、家长等。它为什么是大恶？

（1）目的自私，却包装成正义。

（2）使你放弃思考。

（3）让你听话照做而罔顾自我。

（4）他们的一元价值取向会抹杀更多可能性。

（5）他们的奴役会扼杀你的创造力。

（6）他们熄灭灯塔，制造黑暗。

3.4.6 健康的组织运作

一个组织想要健康运作，需要考虑以下四点。

（1）领导意志退后，组织才能趋于理性。

随着企业不断向前发展，领导意志要逐步退后——领导者个人的想法和态度退后，要让制度意志向前。一个企业如果所有运转都围绕领导意志进行，这个企业必然各种荒唐层出不穷。组织的运转最终靠的是制度，而非领导意志。<u>领导者因组织需要而存在，而不是组织因领导者需要而存在。</u>

（2）领导者学会闭嘴。

面对下属，领导者既有权力优势，又有信息优势，因此他们会滔滔不绝。领导者的强势话语，导致下属只能沉默或封闭思考。看似领导者拥有一支团队，其实只不过拥有了一群奴仆——只会顺从而失去了独立思考能力。

（3）领导力而非权力。

在中科院上《组织行为学》课程，授课的王明姬老师要求很严，不能代签到，每次上课都会布置作业，讲课也很投入。在这种状态下，来上课的这些社会在职人士，逐步变得像学生，开始投入听课，一整天下来没怎么见到上课睡觉的，而且原来从来没有见过的同学都来上课了。这完全是一场完美的组织变革，起关键作用的是规则发生了变化，"领导者"发生了变化。

一个老师的要求就让整个班级的气场完全发生变化，给一个组织带来良性影响，并驱动大家正向行动，这就是领导力。领导力无处不在，并不是拥有领导职位才有领导力，更牛的是非权力性影响力。

（4）保持多种声音的流淌。

管理者可以在自己的组织里保持民主，容许多种声音流淌。第一，不要试图去统一大家的思想，要允许制度约束下的多元思想存在。第二，构建包容多元思想的文化环境，允许大家质疑和独立思考，构建充分表达的文化环境。第三，建立制度保障，像华为一样成立"心声社区""蓝军"，通过制度建设保障大家能安全发声，甚至得到奖励。

思想多元、自由发声是企业能获得持续成功的关键推动力。"一言堂"的组织没有未来，而"一言堂"的领导也将成为组织衰败的罪魁祸首。

3.4.7 权力与学习呈反比

斯坦福大学前校长约翰·汉尼斯说："权力的巅峰是学习的尽头。"[一]这句话有些绝对，但也道出了真谛。我总结过吞噬组织活力的三个黑洞：成果性傲慢、地位性懈怠、权力性放纵。而权力性放纵是最严重的组织黑洞。随着管理者权力不断扩大，他们的学习力往往会下降而不是提升，权力顶峰往往就是学习的尽头——他们不再学习甚至排斥学习。为什么？

首先，忙碌导致没时间学习。他们疲于应付各种事务，没有时间

[一] 汉尼斯.要领：斯坦福校长领导十得[M].杨斌，译.杭州：浙江教育出版社，2020：195.

来沉淀、总结和反思。管理者很多时间并不属于他自己，他得应付一些突发事件，甚至时间被下属抢走。忙碌时没时间学习，忙累了就不想学习，这是大多数管理者的真实现状。

其次，放纵自我导致忽视学习。权力会让管理者产生一种假象，认为自己真的很厉害、很聪明，进而形成"精英的傲慢"，忽视甚至蔑视学习。管理者拥有权力，权力会给他们带来便捷和好处，一些因权力而获得的成效或成果，让管理者误以为是因为自己的能力。权力使管理者放纵自我，权力带来的极大便利使他们不愿再去下慢功夫和笨功夫，也让他们懈怠——能用权力解决的问题绝不用心解决。而用权力解决的，如控制、命令，往往只是表象，可以说**权力解决的往往不是真问题，它只是把问题给掩盖了。**

再次，路径依赖导致停止学习。过往的工作方式、习惯，具有极大的惯性，让管理者产生严重的路径依赖，他们不断重复过往，就此停止学习。一个人成功往往靠好的习惯，而毁灭也可能是因为同样的习惯。**习惯让人产生路径依赖，使人停止思考，用旧地图寻找新世界。**

最后，权力会让人变蠢，进而排斥学习。2017年，杰瑞·尤西姆在《大西洋月刊》上发表文章指出：神经科学研究，掌握权力会导致脑损伤，领导者会失去原本让他们得以成为领导的一种心理能力——设身处地理解他人，也就是共情的能力。加利福尼亚大学伯克利分校心理学教授达契尔·克特纳，经过多年的实验室研究和田野实验得出了相似的结论。他跨越二十年的研究发现，在权力影响下的被试们，仿佛遭受了创伤性脑损伤，行为变得更加冲动，风险意识更低，而且，至关重要的是，更不善于站在别人的角度观察事物。克特纳提出"权力的悖论"：**我们一旦拥有权力，就失去了某些我们最初获得权力时所需的能力**。有权势的人"停止模拟其他人的体验，"克特纳说，导致"移情缺乏"。由此我们得知，权力会让人变蠢。

掌权后你就不再是当初的那个你——权力越大越是如此。傲慢、自以为是、霸道、官僚作风，让你既缺乏与他人共情的能力，也无法从他人视角理解事物，更要命的是，促成由冲动和自我形成的所谓魄力。无法理解他人，无法共情，做事冲动，都是学习的大敌，这种权力性的愚蠢导致领导者潜在地排斥学习。

3.5 团队的光芒

3.5.1 好团队是带出来的，不是管出来的

管理，一定是先把事理明白，然后匹配相应的人到事上。而对人来说，更多的不是管，而是带。谁都不希望被管着，但谁都会服气真正值得尊重的领导。什么是值得尊重的领导？就是那些通过自己的言行举止传承文化与标准的领导。<u>那些成天徘徊在制度边缘，对别人指手画脚的领导，一定是不值得尊重的。</u>

好团队或好人才是带出来的，不是管出来的，更不是考核考出来的。怎么带？领导者以身作则，用自己的言行举止去做表率、立标准、树标杆。从三个方面入手：

（1）极强的认知能力。深知文化制度的重要性、标准流程的重要性，并对问题有极强的敏锐度，这样才能更好地规范执行和发现更多问题。

（2）扎实的业务能力。对自己的团队始终高标准、严要求，让团队和个人在细节处追求精益求精，进而与一般团队和个人拉开差距，最终成就卓越团队和个人。

（3）扎实的管理能力。开好每一次会，做好每一次培训、每一次沟通、每一次绩效辅导……通过细致的管理让团队和个人走上正道，养成高效执行、勇于承担责任、善于协作的习惯。

3.5.2 如何调动团队意愿

很多时候，<u>团队做不出成绩，并不是知识和能力的问题，而是意愿问题。</u>想做事情，没有知识大家自然会想方设法去学，缺乏技能会

想方设法去练；不想做事情，你塞给他知识和技能，他也不学。作为管理者，学会调动团队的意愿，就是一项非常重要的工作。调动团队意愿可以从以下几方面入手：

（1）用自身的工作热情带动大家。一个自己都没有工作意愿的管理者，再怎么要求团队，也不会调动出团队意愿。

（2）赋予工作以意义。任何一项工作都是有意义的，作为管理者，你怎么帮助员工找到工作的意义很关键。

（3）强化激励机制。对于工作意愿强的人，一定要重用，即时给予激励（认可、表扬），晋升时也要重点晋升有工作意愿的人（哪怕工作能力不强）。同时要将那些虽然能力很强，但没有工作意愿的人淘汰。

（4）树立团队使命。为团队树立更高的目标，让大家凝聚起来创造更大的价值，让大家彼此成就，让团队拥有使命感——超越工作的奋斗目标。

3.5.3　如何检验团队工作水平

检验一个团队的工作水平，归为一点，就是看大家是否足够努力。只要大家足够努力，即使存在问题也都是暂时的。而一个不努力的团队，即使现在再优秀，那也是非常危险的。懈怠和固化是不努力的体现，它很容易摧毁团队的战斗力和奋斗精神。团队努力体现在三个方面：热情度高，投入度高，认真度高。检验团队水平有如下三个要点。

（1）协作流畅度：组织部门之间分工后能不能很好地协作，是否打破了部门墙。

（2）工作务实度：团队是不是面对真问题，并通过干实事儿去解决真问题。

（3）工作优化度：团队是不是在不断优化工作，而不是固化工作。

3.5.4　谈凝聚力

社会心理学中，凝聚力有以下几种作用：

（1）影响团队成员的稳定性。凝聚力越强的团队，稳定性越强。

（2）影响团队的成员。凝聚力越强，越能更好地对团队成员施加影响。

（3）影响团队成员的自尊。凝聚力越强，团队成员自尊心就越强，焦虑感就越轻。

（4）影响团队产出。凝聚力越强，如果团队倡导高效，团队成员的工作效率就越高。

领导者如果能强化团队凝聚力，就能让团队具有更强的战斗力和执行力、更大的热情。可以说凝聚力是领导力的关键检验指标。

3.5.5　优秀团队靠机制，"奴才"团队靠控制

一味强调控制，领导者高高在上，让员工听话照做，只会培养出"奴才"团队，这样的团队无法真正具有创造力和战斗力。优秀的团队，既具有活力和战斗力，又具有谦卑的反思精神，同时能不断进化升级。可以说，这些都是与人性中的懈怠、懒惰、享乐倾向相悖的，**优秀团队就是要通过各种机制的设计来缩小人性之恶、放大人性之善**。以下四个机制是判断团队能否成为优秀团队的关键：

（1）分配机制。就是你奖励谁？向奋斗者倾斜，还是向权贵倾

斜，或者向关系倾斜，会直接影响到团队的活力和斗志。通过合理的分配机制，优秀的团队一定会让价值贡献者获利。

（2）淘汰机制。就是你惩罚谁？什么样的人该淘汰，淘汰差者既是对努力者的奖励，也是营造公平公正氛围的关键，同时也能避免"一颗老鼠屎害了一锅汤"。通过科学的淘汰机制，优秀团队一定会淘汰弱者、差者、劣者，杜绝"搭便车"、混日子的人。

（3）提拔机制。就是你晋升谁？什么样的人可以获得晋升，什么样的人不能晋升，就是在为团队树立标准。通过科学的提拔机制，优秀团队会提拔价值正向、善良、才能显著的人，绝对不会提拔溜须拍马、人性扭曲、能力平庸的人。

（4）鲶鱼机制。就是你重视什么？是重视稳定，还是重视活力？通过鲶鱼机制，不断打破平衡，让团队动起来，才能激活团队。通过科学的鲶鱼机制，优秀团队的斗志会被激活，刺激末尾者或者懈怠者奋进。

3.5.6 如何领导好团队

领导团队，需要四点素养和习惯：

（1）不揽功。揽功行为是大忌。很多管理者为了表现自己的能力，把功劳全揽在自己身上，这样的管理者很难获得员工的尊重，也无法真正干出业绩。真正优秀的管理者，在讲功劳时一定不会忘了这是团队共同努力的结果。

（2）以诚待人。团队是否能够组织起来、发展壮大，就是看领导者能否以诚待人，与团队真心交流。真正的优秀管理都是以人为本，而非以事为本。

（3）不断总结反思。管理者需要从实践中不断总结反思，才能更有效地领导团队。不总结反思，认知就难以进步，就会被烦杂的日常事务淹没，思维就会固化和贫瘠，"路径依赖"和"视野窄化"就会产生。最可怕的管理者就是那种不思考还自以为是，陈旧乏味还不自知的人。知道自己有"病"还有的救，如果掩耳盗铃不去面对，只会把自己推向死路。

（4）打造求真透明的团队氛围。丘吉尔说："给公众以虚假的期望，而期望又很快破灭，这是最糟糕的领导方式。"像达里欧在桥水基金提出的"相信极度求真和极度透明"的文化氛围一样，管理者需要为团队创造求真透明的文化环境，否则团队就会务虚和伪善、互相猜忌、在期望和失望间徘徊，难以形成真正的战斗力。

3.5.7 组织毁灭的魔咒

面对困难，团队能凭借坚韧、耐力、勇气、决心去克服并战胜它。只要一个团队不混乱，往往困难会让团队更有凝聚力。然而一旦生意好了，大家收入高了，一片繁荣时，团队中就会出现傲慢、自以为是、坐享其成、争名夺利……繁荣导致腐败和堕落。<u>繁荣下的傲慢，是组织毁灭的魔咒。</u>

真正优秀的管理者，会不断让大家感受到危机，时刻保持紧张感。团队一旦变得安逸，也就离毁灭不远了。<u>越繁荣越紧张，时刻保持危机感，这是一个伟大团队诞生的前提。</u>

3.5.8 团队能量被虚假吞噬

<u>团队里如果弥漫着一股虚情假意，团队能量就会被吞噬。</u>人是有感知能力的，虚假必然引发虚假，然后就没有人面对真问题，大家会

掩饰人性的弱点而将其包装成优点。这样,大家的心思就不在工作和解决问题上,而是耍心机、玩城府。常见的虚假类型有以下几种。

管理虚假:表扬你并不是真的表扬你,关心你也充满目的性,所谓的成就你也只不过是为了领导者的绩效。

故作姿态:面对现实问题,领导者故作高深,让你摸不着头脑。

过度复杂:把简单的事情复杂化,本来一句话就能说清楚的事情偏要给你绕弯子。

神圣日常:装模作样,领导者把一些日常的活动神圣化。

3.5.9　一团和气的团队没有未来

一团和气是什么?你好我好大家好,没有矛盾、冲突,彼此和谐相处。组织想要更好地发展,就不可能做到一团和气。首先,在组织里,需要分工协作、竞争互助,这必然会产生矛盾。其次,在管理过程中,必然会面对难题,解决难题的过程必然伴随对人的奖惩。最后,更重要的是,管理在一定程度上意味着"要求"——更高的目标、下属的突破和成长。

这三点都会产生矛盾、冲突。然而现实中有很多"一团和气"的组织,它们怎么做到的?它们往往不面对真问题,彼此掩盖问题;发现问题时大家不说,彼此安好;没有要求,大家差不多得了……

基于人性中的自私、自恋、自我本能,也不可能做到一团和气。那种违背人性的一团和气,必然是表面的伪饰与做作,并不是真实的。**真正优秀的组织,不是一团和气,而是敢于把问题摆到桌面上争吵讨论,是不分级别地敢于大胆指正组织的错误**。然而这也是违背人性的,只有通过好的管理和制度才能实现。

3.5.10 重视分歧

小红书创始人毛文超说：分歧比共识重要。人很容易相信"共识"，因为很自信。但团队在讨论问题时，应该更重视分歧，因为分歧肯定是真的，而共识有可能是假的。一味地追求共识看似有效率，其实会埋下隐患。在哪些方面会产生分歧呢？

（1）程度：是可接受的，还是恶劣到不可接受。

（2）性质：是能力不足——能力问题，还是努力不够——态度问题。

（3）大小：是基础问题，还是难题。

（4）指向：是具体问题——事的问题，还是目标问题——人的问题。

（5）范围：是业务问题，还是管理问题。

3.5.11 糟糕的团队

糟糕的团队，是一个人成长路上的深渊——你要么学会周旋于职场政治，要么一无所成。什么是糟糕的团队？

（1）高层唯我独尊。认为自己是最正确的、最聪明的，站在高处坐在办公室远离一线下达命令和控制，把下属当成实现自己目标的工具。

（2）中层唯命是从。领导怎么说就怎么干，陷入不思考的"平庸之恶"。

（3）基层唯唯诺诺。怕犯了错被处罚，怕丢工作，工作战战兢兢、如履薄冰、如临深渊。

一个不能正常交流、平等沟通的团队，一个不允许质疑、批判的团队，都容易变成糟糕的团队，让职场政治、官僚作风、山头主义占得上风。

如何避免成为糟糕的团队？

（1）坦诚沟通。团队能否坦诚沟通，决定了团队协作的流畅度，而团队协作的流畅度是决定团队水平的关键。团队的问题，很多时候就出在沟通不畅。领导团队，从沟通开始，从解决团队沟通问题开始。

（2）判断力大于执行力。很多企业要求员工拥有执行力，然而比执行力更重要的是判断力，就是结合实际工作进行判断，并做出决策。随着组织规模不断扩大，如果团队缺乏判断力，就会做不好决策或者凡事都依赖最高层，那么这个组织一定走不远。执行力是基础，判断力才是要务。一味地强调执行力，这是组织的悲哀。

（3）构建环境而非控制团队。真正影响团队成果的不是领导者如何控制团队，而是如何构建让团队高效工作的环境。再多的、再好的控制和管理，也无法比拟让团队自由释放创造力的环境。而这个环境的产生，不仅仅需要管理，还需要不管理，即授权、赋能以及信任、尊重员工并给予他们充分的自由。

（4）倾听与解释。在与他人或下属沟通时，会发现有些人静静聆听，而有些人总喜欢拼命解释。倾听代表接近和理解；解释代表拒绝和排斥。解释过多的沟通，基本是无效的。领导者培养团队的倾听氛围，是解决组织很多疑难杂症的关键。

（5）调动员工热情。清华大学经济学教授宁向东说："如果积极情绪增加的同时，消极的情绪是在减少的，员工就会冲破他们自己固有的工作角色，更多地关注工作环境和他们的工作同伴。表现出来的行为就是更多地帮助同事，做出自愿加班等超越自我的工作行为。"管理中需要把员工的热情调动起来，让他们的积极情绪增加、消极情绪减少，这样团队工作就会呈现好的状态。

荷兰交通工程师汉斯·蒙德曼有一个观点：规则的数量越多，个人的责任感就会越弱。如何减少规则的数量，增强大家的责任感？这个理论很有趣。

3.5.12 如何培养下属

在管理中，有些职责必须由管理者亲自履行，比如全员会议、绩效沟通、部门规划。只有管理者亲自履行，才能达成预期效果，才不会耽误团队的时间和成长。在实践中，很多管理者把自己应该履行的职责随意委派给下属，美其名曰"培养下属"，这是一种偷懒行为、认知错误。这样做不但培养不好人，还会影响团队氛围。

管理者把自己的部分工作——一定不是核心职责——授权给下属，这样培养下属没问题。但一定要确保这部分工作不变形，即不是交给下属就不管了，而是要跟进、辅导、沟通、激励，一直到工作完成。当"甩手掌柜"不是培养人，真正的培养一定是劳心劳力的过程。

3.5.13 情绪劳动

在工作中，我们知道有体力劳动、脑力劳动，但往往会忽略还有情绪劳动。情绪劳动的专业解释是："要求员工在工作时展现某种特定情绪以达到其所在职位工作目标的劳动形式。"如员工微笑面对顾客；管理者面对反馈要谦逊地接受等。针对这个解释，管理者要明白，员工为了达成工作目标所付出的情绪也是一种劳动形式，因此要关注员工的情绪劳动。政策制定、福利、管理方式，都要涵盖情绪劳动。

其实，这个专业解释是不够全面的。在组织里，办公室政治、官僚作风、组织歪风等产生的大量的内耗，也会使团队成员在工作中付出极大的情绪劳动。例如：①办公室政治导致团队成员之间彼此提防、设置障碍、相互掣肘，想完成一项工作得付出极大的情绪劳动。②官僚作风则会让大家掩盖真实的想法和情绪，为了让领导者的存在感不被消解，大家会委曲求全。组织的歪风，比如腐败、拉帮结派，则会让组织成员内心时刻处于战斗状态，无法真正安心工作。因此，在很多组织里，并不是体力劳动、脑力劳动让大家感觉累，而是情绪劳动让人感觉累——心累。

3.5.14 投入度

投入，就是全然专注地进入当下。其实，让我们获得成长、体验最充分的时刻，往往就是你最投入的时刻。投入令人达到人事合一的状态，不但能更有效地开展工作，还能让自己产生意想不到的点子，即灵感。投入的最高境界，就是心流。你不会有苦和累的感觉，完全沉浸其中，忘掉时间和烦恼。人最苦恼的状态就是无法进入当下，要么纠结过去，要么担忧未来。

对组织来说，投入度是一个非常重要的点，可以用它来检测组织能力和组织氛围。现场员工是否投入、管理者是否投入直接决定了组织能力的高低和组织氛围的好坏。检验组织的投入度主要依据以下四个指标。

（1）能做到的工作有没有做到。

（2）能发现的问题有没有发现。

（3）能解决的问题有没有解决。

（4）不该出现的问题有没有出现。

如何确保大家都投入工作现场，是领导者要重点思考的事情。

3.6 "炸"掉人力资源部

3.6.1 人力资源工作究竟在做什么

听了中国人民大学许玉林教授的人力资源课，我收获挺大，总结如下。

（1）"管理是一种修养和习惯。"这点我非常认同。管理首先是管理自己，它更多的是管理者形成自己独特的人格影响力，这就是修养的结果；并形成负责任和抓细节的习惯，这是习惯养成。德鲁克说：管理的本质就是激发每一个人的善意和潜能。怎么激发？前提就是管理者自身的修养和习惯。

（2）"最怕笨人还努力工作。"许老师的意思是，如果方向错了，越努力错误就越大。作为管理者，如果你没想清楚，不能深度思考，方向错了，越努力越麻烦。尤其是高层领导者，一旦方向错了，那对团队就是毁灭性的打击。

（3）人力资源到底在干什么？"组织与工作系统研究；人与工作匹配研究。"这是人力资源的两个核心点，也是方向。对组织与工作系统进行研究，把组织职能、岗位、标准搞清楚，也就是把工作搞清楚，这是管理的前提。搞明白组织与工作，再把人与工作进行匹配，这就涉及任职资格、绩效等。从这点可以看出，真正的管理并不是上来就管人，而是先把事搞清楚，也就是先要进行工作分析，再把人与工作进行匹配。

这也跟许老师讲的"人是带出来的，不是管理出来的"相匹配。培养人需要领导者言传身教，去带、去影响，而不是高高在上地去管别人，更不是让人以符合自己期望的方式成长。在今天这个时代，管理更多的要靠带，用领导者的修养和习惯去带，以身作则。用"管控"的方式带团队，这种做法已经过时。

（4）人力资源管理什么？"通过把握人性，把握管理原则，再形成管理思想，最后形成管理方法。"以人性为入口，在人性的基础上，形成管理假设，即管理原则，并指导自己形成基于现实的管理思想，最后方法自然明确。人性是人力资源管理的前提，也是根基，不能把握人性，一切的管理就是无根之木、无源之水。人力资源管理不只是人力资源部门的事，它是所有管理者的核心工作，尤其是在今天这个时代。

（5）"组织与人力资源管理的核心命题：组织结构、领导力、文化。"这项结论来自德勤的研究，论证了组织与人力资源管理发展趋势各个项目的重要程度。由大到小排名如下：①组织结构；②领导力差距；③文化；④员工敬业度；⑤企业学习；⑥设计思维；⑦人力资源组织技能；⑧人力分析；⑨数字化人力资源；⑩人力管理。

由此可见，组织结构、领导力和文化是多么重要。<u>组织承接或追随战略，是实现战略的载体；领导力是实现战略的核心能力；文化是实现战略的根基。</u>戴维·尤里奇教授提出，人力资源管理者从三个方面为企业创造价值，即人才、领导力以及企业文化。许老师指出生态型组织成长路径，领导力、企业文化、人才队伍及组织能力是最重要的因素。

首先是领导力——以领导者人格魅力、个人素质为核心。

其次是企业文化——用领导力创建共享、创新的企业文化。

再次是人才队伍——用企业文化建立有共同价值的人才队伍。

最后是组织能力——用人才队伍打造企业成长的基因。

（6）"互联网及数字化驱动的人力资源管理，由员工的生存和成长依赖于企业的传统理念，向企业的成长依赖于员工的价值和创造的互联网理念转变。由此人力资源管理思想、技术和方法的核心指向是：老板的行为是认可员工，员工的感受是自己被认可。"

人们越来越感受到传统的雇佣关系会伤害到组织创造力的发挥，这就对管理思维转变提出了要求。之前是雇员顺应组织的需求，现在是组织必须了解雇员的需求；之前是雇员依赖于组织才可以实现价值，现在是组织要依赖于雇员才可以创造价值。组织与雇员之间的关系已经不再是服从和雇佣的关系，而是一种平等、合作、共享的关系。因此，互联网时代的人力资源管理思维是：以领袖驱动的企业文化构建支持企业成长的、具有统一价值观的人才队伍。

我非常认同上述理念。传统的管理方式其实没有很好地将人的潜力激发出来，甚至制约了人的发展。在今天这个讲究创造的时代，大多数工作性质已转变成知识型工作，管理方式必须发生变化，需要把上面这些理念转变成企业的文化认同。

3.6.2 "人力资源"这个提法是错的

（1）人绝对不是资源，不能把人等同于资源。因此，讲人力资源管理，就很有问题，要讲人力（潜力和能力）开发。人力资源这个提法就是错的。

（2）人力开发过程中，既要约束也要激发，既要有标准也要开放。这一过程中，需要平衡，就是管理实践中体现手感和分寸感的地方。那如何平衡？靠企业文化。

（3）如何确保文化底色是对的？在方向上，要做到持续创造客户价值；无限性游戏；利他思维。怎么做到？挑选有正确价值观的人。但实际上，没有那么多价值观相匹配的人，要引导修正，或防止跑偏。

3.6.3　基于人性的人力资源

海底捞联合创始人施永宏在演讲中曾说：

（1）人力资源管理的目标是提高运营效率。

（2）在业务中要多去分析年轻消费者的感受。

（3）在未来人员选拔上一定多注意年轻化。

（4）我们的绩效考核正在由以前的监督型转向改善型。

我很认同这些说法。海底捞取得今天的成就，得益于不断尝试新的人力资源政策，不断优化创新管理制度，并且坚持以人为本。

好的企业，一定要脱离老板意志，脱离高管意志，用基于人性的人力资源政策来支撑企业运营。

3.6.4　他们要"炸"掉人力资源部门

管理大师拉姆·查兰，麦肯锡前董事长兼全球总裁鲍达民，知名猎头光辉国际董事长丹尼斯·凯利，这三位都曾访谈过全球顶尖企业的CEO、CFO、CHRO，这些企业包括苹果、谷歌、强生、百事等。他们共同撰写了著作《识人用人》。他们在序言中提出："要想把自己的企业打造为人才为先的组织，领导者必须转换思路。必须像重视资金那样重视人才，必须像重视财务职能那样重视组织人力职能，必须要用对待资金管理那样认真严谨的态度来管理组织人才工作。"

新时代，企业必须把"人"放在第一位，必须让人力资源突破部

门边界，成为推动企业变革的发动机。因此我把我们公司的人力资源部门定位为人力开发："以人为本，对人的能力和潜力进行开发，使每位伙伴的成长超乎他自己的想象，进而推动企业走向卓越，最终使人力开发服务组成为推动企业发展的发动机。"大多数人力资源部门都承接着行政职能，想真正发挥这个部门的职能，就必须"炸"掉人力资源部门！只有打破部门的局限，真正站在企业的高度看问题，并深入业务，人力资源才能在新时代发挥和创造价值。

未来，经理人是人力资源专家，人力资源部门成员也是业务专家。这两者融合，才能真正推动企业变革和发展。只懂业务不懂人力资源的管理者，是不合格的管理者；只懂人力资源专业知识而不懂业务的人力资源，也是不合格的人力资源。

3.7　识人用人

3.7.1　优秀的人和严厉之爱

《原则》一书第三部分"工作原则"开篇，达利欧讲道："一个机构就像一部机器，主要由两组部件构成：文化和人。""没有什么比获得优秀的文化和优秀的人更重要，也没有什么比这更难。"

对一家企业来说，没有什么比文化和人更重要。优秀的文化可以塑造优秀的人，优秀的人反过来会促进优秀的文化形成。进而形成良性循环，创造一个有力的价值场，最终改变行业乃至社会。判断一家好企业，就是要看其文化是否优秀，其成员是否优秀。

达利欧这样解释"优秀的文化"：不掩盖问题和分歧，而是公开妥善解决，喜欢让想象力驰骋且愿意开创先河。接下来，他提到"严厉之爱"："严厉之爱有助于成就优异的工作业绩和建立良好的人际关系。"他进一步解释：把感觉舒适置于获得成功之前，会对所有人产生不良后果。对于与我共事的人，我爱他们，也会强力推动他们做到最好，我希望他们对待我亦是如此。

管理中要"以爱为入口，以敬畏规则为出口"。要爱我们的团队，也要强力推动团队做到最好，让大家敬畏规则。舒适感不会让我们获得进步与成功，必须把自己或团队推进挑战的洪流中。

3.7.2　优秀人才是制度和环境的产物

优秀人才是制度和环境的产物。企业必须靠建立完善而有效的机制，形成良性的组织氛围，才能不断使优秀人才涌出。这一点对很多企业来说都是挑战。很多企业的管理处于"自动完成"状态，就是指望大家自发把工作干好，当这样的目标无法实现时，就找一些培训老师来讲感恩和忠诚。

良性的制度不会凭空产生，它需要充分的实践与理论基础，并结合企业实际量身定做。用优秀的文化和制度创造好的成长环境，才能促使人才涌现。我经常听管理者讲：我的下属都不行。说这句话时，管理者要首先问自己两个问题：第一，我自己行吗？第二，我对下属都做了些什么？在日常管理中，要用"成长型思维"来看每一个人，避免用"固定型思维"来看别人。"下属都不行"，这是典型的固定型思维，你都认为他们不行，你还会下功夫去帮助他们成长吗？**每个人都可以成长为优秀人才，关键看企业是否有好的制度和环境。**

3.7.3　员工的成功才是企业真正的成功

陈春花老师讲："当我们去观察那些持久的成功的优秀企业，会发现它们有着共同的特征，就是都具有一种统合员工的企业文化，并使得员工能够进行自我管理。这也让我们从中理解到，管理的本质是员工真正具有自我领导的能力。"

管理的最高境界不是去控制员工，而是通过文化影响、机制设计，让员工进行自我管理。员工通过自我管理，实现自己的价值和目标，最终获得自我成功，然后推动企业成功，这才是企业真正的价值所在。**员工的成功才是企业真正的成功。只有企业成功，而员工没有成功甚至没有成长，这种企业注定走向灭亡。**

企业通过组织的力量，让员工形成团队，一加一大于二，实现员工个体无法实现的目标。在今天这个时代，如果说一个企业只考虑股东自我的成功，把员工当成自己赚钱的工具，那么失败是迟早的事情。企业必须由专注于股东利益的利己思维走向共享的利他思维，分钱、分权、分平台是共享的关键，这与传统企业钱是自己的、权是老板的、平台是股东的完全不一样。

3.7.4 人才培养如同雕刻

任何一家组织的发展，都要靠人才。人才是企业的命脉，也是组织发展的关键。围绕人才进行开发，是组织的头等大事。一切业务、管理和战略都要围绕人才来进行。不重视人才、不在人才上下功夫的组织没有未来，同样这种管理者也不会有未来。管理工作的开展不能脱离对人才的关注。

培养人才如同雕刻一般，需要耐心和细心。很多管理者不喜欢在培养人才上下功夫，而更多地把心思花在解决事上。原因就是解决事能立即看到效果，而培养人才是一项长期且艰巨的工作，短期看不到效果。着急解决事，你会有解决不完的事。管理者要通过他人完成工作，光自己能干不行，只有培养出更多优秀人才，才能形成团队战斗力，最终更好地解决问题，实现工作目标。

《南史》中写道："兵可千日而不用，不可一日而不备。"成语"养兵千日，用兵一时"就出自这里。平时积蓄力量，必要时发挥出来。引用到领导团队上，就是平时要多下功夫培养人才，这样他们才能真正在团队中发挥作用。管理者不在培养人才上下功夫，指望员工自动成长，或者想稍微培养下，就一劳永逸，也就成了"养兵一时，用兵千日"。培养人才需要时间，着急不得，"没有无用之人，只有用不好人之人"，<u>把平凡之人变得非凡，才是领导者最大的价值所在。</u>

十年树木，百年树人！人才培养就如同雕刻，得拿小刀一点点刻画，把他人的优势呈现出来，同时凿去干扰成长的问题和毛病。这需要极大的耐心和细心，需要极度认真、坚持、做透的精神。

3.7.5 人才培养的两点原则

第一，高标准要求，让培养对象不断优化升级现有工作，把现有工作做到极致。这点尤其要注意，人的成长并不是一定要做多少事情，把手头的事情做到足够好，就是最好的成长方式。有的人一味求新求变求全求多，好高骛远，这样不但不能成长，还会养成眼高手低的习惯。

第二，授权他人做更多事情，人靠做事成长，而不是靠听道理成长。这点一定是在不影响现有工作的前提下，如果影响现有工作，干得越多越糟糕。

3.7.6 如何留住人才、培养人才、用好人才

留住人才，培养人才，用好人才，这是管理者重要的工作，是实现工作目标的基石。要做到这三点，需要注意以下几方面：

（1）你雇用的可能只是员工的双手。我相信，很多老板喜欢干这件事情——跟专业人才一较高下，以证明自己英明。这种企业很难留住真正的人才，只会留下听话照做的"奴才"，但凡有想法的人在这样的企业是待不下去的。其实，这种企业雇用的可能只是员工的双手，并没有雇用员工的大脑。

（2）聆听团队的声音。这也是激励团队最好的方式之一。很多企业认为，给了员工足够的物质和金钱，就能把团队激活，其实未必。激励团队，物质和金钱只是基础，聆听大家的心声才是关键。传统的

自上而下的科层式管理，只有老板和领导的声音，下面的人更多的是服从和执行。很多时候，大家的想法和意见得不到重视，很难获得人的价值感和存在感。如今，90后成为职场中坚力量，00后也步入职场，他们更需要发声，需要自己的意见和想法得到呈现。而今天这个时代，拥有极强的不确定性、未知性、模糊性，组织要想获得持续的发展，只有靠激发群体智慧。

（3）组织里只允许一种声音，那这个声音极有可能是谎言。

很多企业都逃不开"一言堂"，一开会老板和领导讲个没完没了，下面人还得鼓掌叫好，卖力地去赞扬领导英明神武。如果组织里只允许一种声音，那这个声音极有可能是谎言。如何让组织里出现多种声音？允许大家发声，这是今天组织的重要课题。也只有这样，才能真正激活组织，激发群体智慧。

（4）拒绝"管理贵族"。团队中绝对不能出现"管理贵族"，他们自视高人一等，享受着一些特殊且本不应该属于他们的福利，如随意使用公司财物，甚至凌驾于公司制度之上。这些人往往是企业的高管，或者高薪聘来的特殊人才或管理者。他们的存在，不但会破坏组织文化，而且会极大地消解团队的凝聚力。

（5）培养老人。团队中会有新人和老人，应该培养谁？毫无疑问，是老人，因为他们经过时间考验，对企业有认同。无论新人表现多优秀，都要克制对他们的期待和重视。新人表现优秀，有可能只是为了暂时保住工作，或者是因为工作有新鲜感而表现得积极，不一定能持久。如今不少大学生娇气、浮躁，尤其是有明显学历优越感的应届毕业生。如果公司没有大规模聘用并筛选淘汰的能力，最好聘用经历过社会磨炼或被社会"教育"过的人。

3.7.7　领导者最杰出的才能：识人用人

《基业长青》的作者吉姆·柯林斯说：杰出的领导者拥有的最杰出的才能是什么？答案是：做出非常精明、有洞察力的人事决定。

识人用人对一个组织来说是核心要务，组织失败往往都是因为做了错误的人事决定。选不好人，后期会让组织付出极大的培养成本，且往往收效甚微。选对人，再正确地培养和历练他，才是正解。而识人用人靠的是组织文化，也就是要依靠一套让组织持续获得成功的底层假设和逻辑。

很多管理者认为，人力资源管理只是人力资源部门的工作，这种观点是非常狭隘和片面的。<u>真正的人力资源管理在人力资源部门以外</u>。下面我们来谈谈如何识人、如何用人。

（1）如何识人？能否识别卓越的人才，是决定组织发展的根本。选不对人，就会为组织发展埋下隐患。第一，看价值观，其基本价值是否正向，即是否具备基本的正义、是非观念，是否匹配企业的价值观；第二，看学习力，是否热爱学习，具备自我否定和自我反省的能力；第三，看思维，思维方式是否在道；第四，看心性，是否与人为善，有利他思维，具备人文意识——尊重他人、有敬畏之心；第五，看能力，领导力、管理技能、业务能力三者是否平衡，这三者缺一不可。

（2）如何用人？企业用人，有一种人坚决少用，就是那些学历不错，但换过很多工作，都没有长久干过，且从不反思自己的问题还把自己当人才的人。要么用应届生，要么用优秀人才，这是常识。清华大学经济学教授宁向东总结有三种人对团队杀伤力是比较大的，绝对不能用：第一，个性不健全的人；第二，态度不认真的人；第三，做事不职业的人。"职业"的含义就是解决问题，不能解决问题，只会提出问题和抱怨问题，就是不职业。团队中总会发现一些人遇事爱抱怨、挑剔，但就是不出手解决问题，这是非常不职业的体现，缺乏担当，缺乏主人翁精神，对自己来说不利于成长，对团队来说容易成为阻碍。

3.7.8 品格，是选拔管理者的关键

德鲁克在《认识管理》中说："管理者的定义是对绩效和贡献负责，而不是对他人的工作负责，更不是指挥他人；对管理者的基本要求是诚实正直的品格，而不是其才能。"

诚实、正直、良知、利他精神，是品格之魂。管理者需要树立榜样，不诚实和不正直的人如何树立？管理者需要激发人的善意，无良知的人如何激发？管理者需要通过他人完成工作，不利他，他人怎么可能心服口服去完成工作？

<u>品格是选拔管理者的关键，也是企业基业长青的基石。</u>

3.7.9 思路清晰，是选拔管理者的前提

选拔管理者，重点要看思路是否清晰。超级员工，只要实干就行。而管理者必须思路清晰。为什么？

第一，学习力是管理者的基础。思路混乱的人，是很难有学习力的，也很难真正学明白。

第二，管理者是团队的天花板。思路混乱的人，不但会制约团队成长，还容易把团队带偏。

第三，管理者需要通过别人完成工作。大量的协调工作，即排兵布阵，思路混乱的人是难以胜任的。

第四，管理者需要不断做决策。面对具体的情境，需要运用不同的管理方法，思路混乱的人是无法有效决策的。

第五，管理者需要培养人才。<u>可以说思路清晰程度跟人才成长速度成正比</u>。思路混乱的管理者几乎无法培养出人才，他们自己都干不明白。

3.7.10 精致的利己主义者是团队最大的灾难

"精致的利己主义者"这一说法来源于北京大学中文系教授钱理群的一段话："我们的一些大学，包括北京大学，正在培养一些'精致的利己主义者'，他们高智商，世俗，老道，善于表演，懂得配合，更善于利用体制达到自己的目的。这种人一旦掌握权力，比一般的贪官污吏危害更大。"

精致的利己主义者是指经过精心打扮甚至伪装的利己主义者。高智商、聪明是精致的利己主义者的最大特征。这样的人极其聪明，又极其自我，为了达到利己的目的会不管不顾，其危害远远超越自私本身。他们都有以下特征。

（1）推卸责任。他们的下属不满意，或者说不理解公司的某个规定时，他们会把责任推给上级或者公司，以维护自己的威望和权威，并撇清自己的责任。也就是说，他们会站在下属的立场去损害上级和公司的尊严。他们常说的一些话包括："公司规定的""领导要求的""我也没办法""你找领导去"……

（2）不敬畏规则。他们时不时地会破坏公司的制度、标准，方便自己去管理，并以自我为中心，觉得自己才是对的，无视公司规则。作为领导者，有时是需要为团队去改变自己的！其中重要的一点，就是要在敬畏规则方面以身作则。但精致的利己主义者不愿意这么做，他们从来不会为了规则去改变自己，因为他们会把自己凌驾于规则之上。

（3）把个人利益凌驾于团队利益之上。当个人利益得到保障时，他们会满脸堆笑，上级或公司怎么要求都没事，用各种方式伪装自己。一旦个人利益受损，他们就会在团队、上级或公司面前露出凶恶的嘴脸，甚至关键时刻撂挑子。他们把个人利益凌驾于团队利益之上！责任、使命、职责这些话是他们最厌烦的，他们也从来不会去思考这些问题。他们思考的永远是自己的舒适、所得、面子、尊严和地位等。

（4）搞山头主义。他们把团队当成自己私有，形成自己的小圈子，利用各种机会建立自己的霸主地位，并暗地里与公司作对。不排除用自己的山头要挟公司。立山头、搞派系是精致的利己主义者惯用的伎俩。

（5）认为一切理所应当。一切获得，收入、地位、权力、荣誉，他们都认为是靠自己的努力付出，或是聪明才智所得，他们不认为这是组织平台的力量。他们把一切看成理所应当，所以对任何人和事都不会心存感激，为了自己的利益甚至可以出卖上级和公司。

<u>精致的利己主义者是团队的最大灾难，他们会让团队脱轨——游离在文化制度之外，导致形成狭隘的山头主义和恶劣的办公室政治。</u>

3.7.11 你永远无法叫醒一个精致的利己主义者

谨防精致的利己主义者掌权，是组织的要务。然而，实际上，往往一不留神这样的人就会溜到关键岗位，等你发现时他们已经开始起破坏性作用了，因为他们总是在聪明地伪装自己，使你难以辨别。他们在低位时，会伪装自己，为了获得私利委曲求全，而一旦掌权就会暴露出人性中黑暗的一面。

基于以上特征去辨别精致的利己主义者，就成了每个管理者重要的职责。只有找到他们，限制他们的权力或淘汰他们，才能确保组织健康发展。你永远都无法叫醒一个装睡的人！而精致的利己主义者是组织中装睡的人，他们很难被改变，早揪出早淘汰，可以避免组织产生过多的沉没成本。

3.7.12　专业官僚

随着企业规模扩大，需要不断引进各领域的专业人才，但引进容易，管理才是难题。专业人才都有一定的专业技能、相关经验，以及受原单位熏陶的价值观——他们身上必然带有原单位企业文化的影子。因为专业和经验，他们自然会有优越感，就有可能小瞧甚至鄙视当前企业的相关专业和经验。

更糟糕的是，他们很难真正接受新的企业文化，因为他们毕竟被其他组织熏陶过，必然会打上以前企业的烙印。这就会形成专业官僚，他们拥"专业"自重，以自我为中心，无视新的组织文化和历史经验，动不动就颠覆和革新。不但发挥不了作用，甚至还会产生负面影响。专业官僚是组织发展的绊脚石。

3.7.13　如何管理引进的专业人才

企业发展过程中一定要引进相关的专业人才，但若管理不当，就会形成新的混乱，不但解决不了老问题，反而会产生更严重的新问题。

管理引进的专业人才，需要做到以下几点：

（1）文化认同。引进专业人才，万不可仅仅让他们发挥专业能力。首先要做的是让他们认同文化。通过工作中的点点滴滴，引导他们去适应并认同新的企业文化。任何专业想要真正发挥作用，都要以文化为根基。偏离文化认同的专业人才，很容易成为专业官僚，不但不能促进组织发展，反而会成为组织发展的雷。

（2）经验延续。任何一个领域，企业能成功自有其独到的地方，开启变革不能一刀切——完全否定过往经验。引入专业人才后，一定要延续企业过往好的经验，同时开启新的变革。如何让专业人才延续而不是完全丢掉企业过往好的经验，这是管理引进的专业人才的第二个要点。

（3）激活人才。在逐步认同文化，能延续企业过往好的经验的基础上，要创造激活人才的制度和环境。万不可拿文化认同和经验延续去处处控制专业人才，这样只会抹杀他们的专业，变成高薪引进"新的老人"。<u>引进人才的目的，不是让他们变得跟企业"老人"一样，而是让他们用不一样的专业激活组织。</u>

3.7.14 如何管理高层领导者

高层到一定的地位，会厌倦工作甚至懈怠，如何避免？如何激励他们？物质肯定很难再满足他们了，精神、荣誉、地位的激励显得更为重要。尤其是放权，让他们去承担更多事情。董事会若不愿放权，想做事情的高层必然会失望，他们要么懈怠，要么流失。

高层有多少时候是在为面子坚持错误的决策？这一点值得警醒。明知错了，但面子、尊严不能丢，就一味地坚持，再不断合理化自己的错误，甚至把责任推给下属。这就离事实和问题越来越远，最后成为办公室政治。

3.7.15　高层一定要有"闲"

<u>高层如果成天紧绷着，精神高度紧张，工作忙碌不堪，那对组织来说是毁灭性的</u>。因为，他们没有时间深度思考，容易在高速运转的状态中出昏招。更糟糕的是，他们会通过表面的勤奋掩盖头脑的懒惰。被催逼着去一项项地完成任务，像陀螺一样带着惯性开展工作，极有可能在环境和情境已发生变化时还坚持过时的方法。

有"闲"，在闲暇中思考、交朋友、反思，这些都是宝贵的财富，往往被很多组织忽略了。实际上很多老板认为，只有榨干高层，才能对得起给予他们的职位和待遇。这些老板没看到，这种榨干，结果往往是把组织榨干。

3.7.16　招聘原则

我们不怕给员工高薪，但高薪一定要值；我们允许犯错误，但绝不允许因懈怠而犯错误。我们要认识到员工管理的重要性，管理到位了，才能保证工作更高效，才能确保人得到更好的成长。因此，在招聘员工时需注意以下几点。

（1）哪些人不能招：①看上去聪明的人。一般看上去聪明的人都不是真正的聪明，而是自作聪明。这种人浮躁、不务实、自视甚高。②品格有问题的人。自私、自我、自以为是。③书呆子。死读书，缺乏社会常识和基本的与人相处的能力。

（2）选择务实的人。<u>务实的人，比自我感觉良好的人更能推动组</u>

织发展。企业在发展过程中，一定要招到适合自己的且务实的人，不要追求高大上和表面光鲜。一群踏实肯干、勤奋吃苦的人，远比那些聪明伶俐、自视甚高的人更有价值。

（3）具有可替代性。组织最糟糕的局面就是受限于某个人或某个部门。这种使某个人或某个部门无法替代的情况，会成为组织变革及成长的障碍。当一个人觉得自己无可替代时，就很可能以此要挟组织，使组织陷入被动。真正卓越的组织，任何人和任何事都具有可替代性。

3.7.17　不要对员工一味强调感恩与忠诚

为什么不谈感恩？大多数企业都认为，员工应该感恩老板和企业，是它们给了员工饭碗。这种认知已经过时了。在今天这个时代，企业与员工之间的关系是平等的，员工付出劳动，获得他应得的回报，企业没有理由也没有资格要求员工感恩。曾经有企业通过一些培训手段，让员工给老板洗脚、下跪等，这种愚蠢的封建思维，简直无知透顶。

为什么不谈忠诚？夫妻不合都可以离婚，而员工与企业之间的雇佣关系还谈忠诚，这也非常愚蠢。大家合得来一起干，合不来就散，员工和企业之间是双向选择的关系。

今天还在谈感恩、谈忠诚的企业一定是烂企业。那么企业应该谈什么？

第一，谈制度。只有敬畏规则，企业才能走得更长远。

第二，谈价值。衡量人唯一的指标就是能否创造价值。企业不是福利院，一定要清走不创造价值的食利者。

第三，谈文化。有正确的价值观和理念，且能落地，企业才能走长远。

第四，谈效率。效率是企业发展过程中必须关注的话题，要识别并解决磨洋工等低效现象。

第五，谈薪酬。一定要不断优化薪酬，让创造价值的人、有贡献的人获得回报。一定不要搞平均主义和吃大锅饭。

第六，谈激励。奖罚分明，洞悉人性并释放人性。

企业不谈感恩，但企业要心存感恩。个人也要心存感恩，感谢生命中那些帮助你、成就你的人与事。感恩和惜福，是我们做人应该具备的品质。

3.7.18　不够职业化的员工

职业化的典型特征是：为自己的工作负责任，绝不会为自己的工作问题找借口。不职业的人会为自己的问题找借口和理由，直到他们习惯自己在工作中总是出问题。

当工作中经常出现错误，尤其是出现明明就可以避免的错误时，需要深度反思自己的工作模式或工作态度。如果因为自己工作态度上出现了懈怠，那么错误就无法得到根本解决，只有先端正自己的工作态度，才能真正解决问题。这时需要有危机意识，认识到任何工作态度问题都会为自己的职业生涯埋下隐患，甚至葬送自己的前程。如果工作态度没有问题，是工作模式出现问题，就需要从工作方法、工作流程、工作习惯上进行修正。只要态度没问题，方法、流程、习惯上的问题，都可以慢慢修正。

3.7.19 弹性冗余

弹性冗余原理，通常指在人力资源开发过程中，必须留有余地，保持弹性，不能让员工超负荷或带病工作。也就是既要给压力也要留余地。这个观点，无论是对开发别人还是开发自己，都有效。

有些领导者自己绷得很紧，用各种方式压榨自己，似乎不努力就不配活着。其实就是不懂得这个原理。就像皮筋，可以拉长到一定程度，如果过度就会断掉，人也是如此。在施加压力，比如提要求、定目标等的同时，要留有余地，不能过度。

3.8 企业文化

3.8.1 什么是企业文化

企业文化就是管理层的行为举止本身。管理层说什么不重要，宣传什么也不重要，而它的所作所为才是企业文化的化身。不能转化成行动的文化，只能成为一种文化——虚伪与矫饰。

企业如何对待顾客、员工、发展，以及管理人员的日常言行，等等，都会直接影响企业经营管理的方方面面。它的作用大到你难以想象。它真实不虚。然而我们很多人以为企业文化就是企业口号、标语而已，这些连文化都算不上的形式化产物怎么能叫企业文化呢？《企业成长之痛》一书中讲道："虽然企业文化的概念很抽象而且看起来有些难以捉摸，但它确实真实存在并对组织的成功和赢利能力有着决定性的影响……企业文化是一个组织战略优势的终极来源。"

企业文化是企业战略优势的终极来源，这一点我极为认同。文化对路，事情就能干对；而文化一旦走偏，事情干得再多，可能都是错的。企业文化，而非利润，是一个企业最宝贵的财富。好的企业文化不但能带来好的绩效，也能产生更多优秀人才。而差的企业文化，不但会导致企业绩效低下，也容易纵容人性之恶，产生更多"垃圾人"。文化管理是管理者的首要工作，这项工作没做好，其他工作都会大打折扣。

3.8.2 文化就是组织的性格

建高楼要打地基，学习技能要练基本功，学习管理要构建底层逻辑。很多时候，我们太愿意在表层的方法论上下功夫，喜欢研究一招一式。不是说在方法论上下功夫不对，只是如果不搞清楚底层逻辑，方法论就是无源之水、无本之木。搞清楚底层逻辑，方法论就变得简单。条条大道通罗马，只要底层逻辑对了，任何方法论都可以达成目的。**对组织来讲，最根本的底层逻辑就是文化，文化就是组织的性格。性格决定行为，行为决定习惯，习惯决定命运。**

管理中最核心的不是方法、技术、战略、流程，而是文化。文化是一个组织最底层的思考逻辑和价值取向。文化出问题，一切都会偏；文化正，即使其他方面弱，以后也会变好。然而，在实际管理中，大家都认为文化是虚的，因而没有给予足够的重视。大家往往在技术和策略上下功夫，这是舍本逐末。

人的性格很难改，企业的性格更难改，变革的难点就在于文化。企业变革过程中，如果文化没变，那其他一切的变都只是形式而已，最终还得回到原初的状态，甚至更糟。

"文化的力量决定了企业发展的高度。"这里更应该叫文化的含金量或者文化的质量，真正决定了企业的发展高度。

"做企业看文化，用人看价值观。"一个企业如何，看它的文化，文化就是团队的日常言行；用人，看他的价值观，价值观就是个人的日常言行。

"管理的原则是基于教育的原则。教育的本质：培养独立的人格；辨认真伪命题；尽心做事，求真做人。"由此我们看出，文化管理在一定程度上就是在做教育。对照教育的本质，反思文化是否有这些特征，才是正道。

3.8.3 狭义文化和广义文化

（1）狭义的文化，即价值理念的部分，是组织明处的假设及隐性的假设的外显部分。文化决定战略，战略决定组织，组织决定人才，人才决定发展。**文化是组织发展之根，是组织发展的底层逻辑。**

核心层是文化的源头，要修炼人文精神——自由、平等、尊重、包容，要进行价值理念上的探讨，彼此共创，形成组织文化。个人文化不能凌驾于组织文化之上，因此文化价值理念的探讨，严格来说没有对错，同时要打开边界，尽可能地争论和质疑彼此，把大家内在的隐性假设通过讨论变得明晰，以此为共创文化打下坚实的基础。

不经质疑和争论而形成的组织文化，核心层以某个人（大多是强势的老板）的强势文化为核心，其他人形成文化附庸——不经思考地认同和接受，很容易形成单一文化或近亲繁殖，即大家同频同趣，进而容易产生情绪叠加，毁掉组织的创造力。

文化会压制一切。可以从文化的角度来思考，但不能把具体的事件定性为文化问题，除非是关键事件和重大事件，否则就容易上纲上线。也就是说，不能把事实问题与价值问题混为一谈，否则无法说清楚。

（2）广义的文化，即价值理念、制度标准、行为和形象的综合呈现。在这里讲文化，更多地要看价值理念与制度标准以及外显的行为和形象是否一致。不一致而有撕裂，那就意味着组织文化建设存在问题。有可能没有显露出来的亚文化才是真正的组织文化，那就意味着组织存在极大的混乱，这是非常危险的。

狭义的文化看多元，广义的文化看一致。狭义的文化如果单一，组织容易走向平庸，进而失去创造力；广义的文化如果不一致，组织容易陷入混乱，进而失去战斗力。

3.8.4 保持文化多样性

团队容易形成一致化倾向。为了效率、舒适——效率就是避免分歧、舒适就是权力不被限制——领导者会有意或无意地排斥异见、不同，然后趋向一致。而组织强势的文化，也容易排斥多样性，把不同于文化的人和事排除在外。在一定程度上，文化越强，也就越封闭，在组织好时促进组织变得更好，在组织不好时让组织变得更糟。

别庆幸自己的文化强，也许它意味着灾难。文化多样性，意味着不同的价值观被接受，不同的声音被听见，不同的群体被容纳。最终形成多元宽容的组织文化，它会让组织更理性，有研究表明它也能提高组织绩效。

3.8.5 警惕文化的模糊性与边界

文化的模糊性与边界，是管理中要平衡的重要基点。这就需要我们警惕文化的模糊性与边界，在日常管理中，不要动不动就拿文化说事，如："你这不符合文化"。这样做，文化很容易成为价值霸凌，同时容易淹没管理策略的可能性。

（1）企业文化 vs. 个人文化。大家集体共创的文化才能成为企业文化。个人文化很容易回到老板的个人文化，而其他人形成文化附庸。这样如果遇到问题，用文化去辩论，很容易变成价值霸凌，这是组织的灾难。因为文化具有模糊性及隐性力量，可能会摧毁一切潜在的讨论和争辩。

（2）组织与文化的关系。文化决定战略，战略决定组织，组织决定人才，人才决定发展。不能一上来就分析组织文化，而是要看战略，组织因战略而动。

3.8.6 只有事实才能捍卫你的观点

奈飞前首席人才官帕蒂·麦考德写的《奈飞文化手册》，是一本不可多得的好书！其中关于人力资源的理念，很多都是颠覆性的，同时也非常具有启发性。这些理念是新时代人才发展必须要学习或者参考的。作者在书中讲了八条文化准则：

（1）我们只招成年人——只雇用、奖励和容忍完全成熟的成年人。

（2）要让每个人都理解公司业务——如果能够很好地理解公司的业务，高绩效者就能够更好地工作。

（3）坦诚，才能获得真正高效的反馈——坦诚可以帮助人们成长。

（4）只有事实才能捍卫观点——人们的观点应始终以事实为依据。

（5）现在就开始组建你未来需要的团队——不要以为你现在的员工能够成长到足以承担将来的责任。

（6）员工与岗位的关系，不是匹配而是高度匹配——不是每个岗位都需要爱因斯坦，但每个岗位都需要最适合的员工。

（7）按照员工带来的价值付薪——无论奈飞的业绩表现是好是坏，我们都按照市场顶级水平付薪。

（8）离开时要好好说再见——理想的公司就是那种离开之后仍然觉得它很伟大的公司。

3.8.7 企业文化的重要性

再次深读《奈飞文化手册》，我深深地理解为什么一个搞DVD租赁的，今天可以成长为与迪士尼相媲美的娱乐公司，两家市值旗鼓相当。这背后的力量就是文化变革，也就是对商业、对管理、对团队的认知变革，让它做出了非一般的行动，进而为企业变革提供了可能性。"文化就是有关员工如何工作的一种战略。"这种解读，把文化再一次落到了实处。很多人认为文化是务虚的，但从奈飞的变革成长中，我们可以看到文化是最务实的。

从微软 CEO 纳德拉的《刷新》、奈飞前首席人才官麦考德的《奈飞文化手册》，以及星巴克创始人舒尔茨的《将心注入》中，我们可以看到，这些世界级的公司成功的背后，都有强大的文化支撑，都是价值观和理念的成功。如果价值观出现问题，再好的管理举措都无法抵御企业面临的风险。<u>在今天这个多变的时代，谁也无法保证你能持久成功，但我们可以用正确的价值观应对不确定的时代。而正确的价值观，来自企业文化的不断进化，文化并非一成不变的坚守。</u>

3.8.8 让企业文化成为行动而非概念

克劳塞维茨在《战争论》中说："制定原则并不难，难的是始终坚持按原则去做。"结合到企业实战，企业文化制定很容易，按文化理念行动很难。要让文化成为行动而非概念，文化才能由虚走向实。随着企业规模不断扩大，企业文化变得越来越重要。企业的成长，其实背后是一群人的成长。只有这群人跟企业的价值观相匹配，企业文化正，才能培养出更多符合企业要求的人，才能不断推动企业向前走。在企业文化建设上，要重视以下三个动作：

（1）企业在人才选拔上，必须选跟企业价值观相匹配的人，而不是那些看似能干但随意、仅凭经验的人。同时，要淘汰掉那些不符合企业价值理念的人。

（2）持续深入地沟通，企业高层要了解一线员工的心声，让企业上下信息无障碍地流通。

（3）通过机制和制度来确保文化落地，不能让文化停留在空洞的口号、概念及漂亮的形容词上。

3.8.9 让尊重、信任、爱变成企业的文化

时代变革，最大的变化是人。

今天这个时代的人，更会去追求有趣、自由的主张，追求自我掌控感。以往时代，人也有这个需求，但被时代环境压抑着。追求有趣、自由的主张，追求自我掌控感，可以说就是人性。

这必然会给我们的管理带来新的挑战。以往那些建立在控制、命令之上的管理必然会失效，或者说没以前那么有效。**管理必须由控制向激发转变，让尊重、信任、爱变成企业的文化。**

第四章
管理者的自我修炼

4.1 管理之道

4.1.1 对管理怀有敬畏之心

做管理,要经过系统的学习才能不断上道。为什么要学习?<u>学习后,你就知道自己的无知,及管理不善的危害性,就能对管理怀有敬畏之心,</u>不会有无所谓的心态,用类似"不就是带人干活嘛!"这种轻蔑的态度对待管理。

同时,随着学习的深入,对管理的逻辑和概念有了深刻认知后,能更好地指导实践,以便在错综复杂的实战工作中更好地做决策。掌握管理的工具,才能少走弯路。

4.1.2 管理者存在的价值

作为管理者，应该追问自己一个问题，<u>自己的存在有什么价值？第一是拿成果，第二是为客户创造价值。</u>要实现这两点，首先需要在过程中不断发现问题并解决问题。发现问题有三种方法。

（1）基于自己的经验，看到问题。大量的实践，培养了自己看问题的敏锐度。

（2）基于目标，找到现状与目标之间的差距。

（3）基于标准，找到现状与标准之间的差距。

解决问题有两种办法。

（1）临时解决——治标。管理者扮演救火员的角色，不断针对例外情况进行决策，然后把问题解决掉。而下次问题还会出现，管理者会重复同样的动作。他们因卓越的解决问题的能力，被嘉奖和晋升。我们发现，企业中这样的管理者大量存在。然而，这种办法并不能有效根治问题，会使得管理永远停留在经验层面。

（2）从根本上解决——治本。管理者发现问题后，通过以下动作来杜绝问题：建立或完善制度标准、培训标准、执行标准、考核标准，优化升级标准。

4.1.3 领导之魂

真正能做领导者的人，一定是别人发自内心地愿意跟着他干事、解决难题、实现梦想。要做到这点，最重要也最核心的，就是领导者有超越功利的追求——利他的梦想、改变"世界"的野心、人文精神的传播，这是领导之魂。

仆人式领导是公众理想化的形象，实际管理中不可能有仆人式领导。从人的自恋本性来讲，人走上领导岗位，怎么可能以仆人的姿态去领导他人？《能力陷阱》一书中说：你像一个领导者那样去做，才能像一个领导者那样去想。也即，像领导者那样做事，慢慢就会拥有领导者的格局和思维方式。亚里士多德说：做好事多了就会变成好人。<u>像优秀领导者一样做事，就会变成优秀领导者</u>。

4.1.4　让他人走向卓越

　　管理就是要去改变下属的习惯（尤其是工作习惯）和思维方式，最终让他们走向卓越。总有人说，领导者别改变别人，要影响别人。这句话是不接地气的，它高估了领导者的影响力，同时也高估了下属的自觉性。<u>领导者就是要创造环境和不断跟进督促，让下属精进成长</u>。这里的跟进督促是良药。反复强调、反复要求，直到一些要求或理念成为习惯。

　　层级越高，管理者越需要发挥领导力，构建愿景、激励团队、引发变革等。如果高层管理者存在感太强，总想控制下属，那就会阻碍团队发展壮大。《清教徒的礼物》一书中提到："<u>高层管理者的工作就是让中基层管理者觉得自己能够放开手脚做事</u>。"这句话道出了高层管理者工作的根本。因此，看一个组织厉不厉害，关键不看高层，而是要看中基层管理者的工作状态。

4.1.5　领导力是服务出来的

　　大部分管理者没有意识到，领导力是服务出来的。很多管理者以为领导力是权力。他们极力地争取权力，以便更好地控制下属，却不知这恰恰削弱了自己的领导力。<u>领导力是服务出来的——以成就部</u>

下为核心，是一种非权力的影响力。拿掉权力后，你是否还能影响他人，是检验领导力的关键。美国作家、诗人玛雅·安吉洛（Maya Angelou）有句经常被引用的话："人们会忘记你说了什么，也会忘记你做了什么，但是却永远不会忘记，你让他们感受到了什么。"领导力是自己终生修炼的课题。

这个时代，优秀的管理者需要超越"注重控制、监督、评估和奖惩的传统管理理念"，创造一种注重沟通、尊重、反馈和信任的氛围。控制、监督这种传统的管理理念，在传统工业时代是有效的。但对当代知识型员工或创造性工作来说，它几乎很难奏效。

4.1.6 管理者也要具备企业家精神

认为只有老板才应该具备企业家精神，就太狭隘了。真正优秀的管理者，也应该具备企业家精神，尤其是以下三点。

（1）定方向：构建愿景的能力，尤其是团队走入困境时。正如克劳塞维茨在《战争论》里所讲："当战争打到一塌糊涂的时候，高级将领的作用是什么？就是要在茫茫的黑暗中，用自己发出的微光，带领着你的队伍前进。"

（2）会激励：无论是沟通说话、开展工作，还是喝酒聊天，随时随地都能激励团队。

（3）有定力：不急不躁，遇到困境不慌张，能稳得住。同时，经得起诱惑，知道自己该做什么，不该做什么。

4.1.7 把更多时间放在"人"身上

管理者应该把更多的时间放在"人"身上，即关注人、培养人，保持对员工的关怀、激励等。**管理者必须从关注事中走出来去关注人，只有把关注人这点做好了，才能真正持久而有质量地把事做好。**但现实是，很多管理者不关注人而只关注事，为何？

（1）关注事，是在自己的舒适区。很多管理者都是从业务精英成长起来的，关注事是在他们的舒适区，不需要费力气。

（2）关注事，简单易操作，关注人很麻烦。事相对人来说简单多了，人通常具有复杂性，团队形成的群体更加复杂，很多管理者不愿意去厘清人事关系。

（3）事容易掌控，人难以掌控。大多数管理者都喜欢掌控感，也就是追求确定性、准确性，而人往往是多变和容易失控的。

（4）关注事，短期易见效，关注人未必。关注事很容易见效，尤其业务精英出身的管理者，通过自己的经验和能力很容易就把一些下属做不好的事情给解决了。而关注人需要时间，短期不会有效果，百年树人嘛！因为难见效，就难以带来成就感，所以有些管理者愿意去解决眼前的事情，而不愿意花时间去关注人的成长。

（5）目光短浅的企业考核机制。关注人是个长期而持久的工作，很多企业只关注眼前的成果，不注重人才的培养和员工的成长，考核机制完全倾向于眼前利益，那管理者必然只注重眼前的事情而不注重人的长期成长。

（6）急功近利的企业文化。利润、毛利、成本、销售额通常会成为企业的主要考核指标，这就会催生急功近利的企业文化，大家不愿意去下笨功夫把基本功夯实，甚至很多人用走捷径的方式完成这些考核指标，他们哪有心思去关注人的成长呢？

4.1.8 审视自我，不断蜕变

不时审视一下自己，站在局外人的视角来看自己，是领导者要养成的一个习惯。它比反思要更深入一步，反思往往还在局内，即在情境或处境里思考，而审视是要超越当前的局面，跳出自己的世界看自己。这样，你能看到自己更多的动机、心态和行为的机理，让你更充分地考量自己的言行举止，为自我变革打下基础。

审视自我的终极目标还是摆正价值观。虚伪和谎言比傲慢、清高更可怕。前者会导致失去信任，也会带来灾难，它是阴暗的滋养物；后者只会让人讨厌，它是显性的恶。一些管理者指望用虚伪和谎言构建领导力，其结果就是领导力被一步步瓦解。**信任的崩塌，也是组织没落的开始。**

企业发展过程中，管理者需要不断变革。首先是要提升和进化自己的认知。不能抱着固有思维面对新事物，要善于打破常规，学会多角度、多维度看待问题，如此才能更客观地决策。

其次是要改变工作习惯，不可纠缠于眼下问题。管理者要做决策、辅导下属、规划团队目标、监督工作绩效，必须从具体业务中抽出身来，站在一定高度、长远地考虑问题，万不可被眼下问题缠住，只见树木不见森林。你如果成为管理者后还陷入具体事情，就无法履行管理职责，团队就会缺乏协调和规划，进而失去战斗力，甚至陷入混乱局面。

最后是要提升自己的业务技能，使自己更加职业化，切忌不懂装懂。每个人都有自己的局限性，要认识到自己的局限性，通过发挥别人的特长来弥补自己的短板。而如果认识不到，在不懂的地方装懂，不但不利于扬长避短，还容易打消别人的积极性和斗志。

这也是领导力非常关键的一点：扬长避短。也就是说，作为领导者，别装腔作势，认为自己什么都懂。认清并承认自己的缺点，发现别人的优点，并用其来弥补自己的缺点，这是领导能力的体现。

4.1.9　真正的领导力修炼

清华大学经济学教授宁向东说："来自岗位的权力在影响力上是相当弱的，因为它很难走进人的内心。法定权力影响组织成员，往往不是来自管理者本人，而是来自管理者后面更强大的力量。"

领导者的权力有五种，其中有三种是和管理岗位高度相关的，分别是法定权力、奖赏权力和强制权力；还有两种超越岗位的权力，分别是专家权力、人格魅力。前三种是岗位赋予的，只要你在岗位上，就拥有这样的权力，大家接受你的权力，更多的是基于组织要求和组织制度，而专家权力和人格魅力才能真正展示你自身的影响力，也就是你领导力的体现。很多管理者自我认知不清，他们把岗位赋予的权力等同于自己的能力和影响力，觉得自己很厉害，忘了大家只是遵从组织制度而已。**真正修炼领导力，就需要你提升自身的专家权力——认知能力、业务能力和管理能力，不断修炼你的人格魅力。**

同样，很多人因为自我认知不清，把组织平台赋予的岗位权力等同于个人影响力，容易披着光环看待自己。离开了企业平台还不能放下光环，就容易导致他们失败。很多优秀企业的管理者，离开企业后什么也干不好，离开了组织赋能什么也不是，这就是因为他们缺乏专家权力和人格魅力，且自我认知不清。

一个企业如果不断地去优秀企业挖人而不能构建自己的人才培养体系，失败的可能性会剧增。一般来说，从优秀企业挖走的所谓优秀人才，有不少人自我认知不清，把平台能力也就是岗位权力等同于自我能力，必然会面临失败。真正能走进他人内心的不是岗位权力，而是专家权力和人格魅力。

4.1.10 领导力提升就是格局放大的过程

"你能容多少人，就能领导多少人！"这句话很多人都听到过。在实践中，很多管理者成长很快，能不断获得晋升，不断被企业委以重任，能管理更多人和事。而有的人，成长过程跟股市一样起起落落，十年后还是十年前的水平。企业也如此，一些企业走着走着就没了，一些企业却能不断突破成长。普通管理者或普通企业，跟优秀的管理者或优秀的企业的差距在哪里？

我想，纵使有一万种差距，核心差距还在格局。优秀的管理者，不只在于技能强，还在于影响他人、成就他人、激发他人等这些领导力因素强。<u>管理者领导力的提升就是格局放大的过程。管理更多地在运用技能，而领导更多的是饱满人性的体现，即大格局、同理心的体现。</u>管理者要提升自己的领导力，就要从自我修炼入手，不断放大自己的格局和心胸。这也是优秀管理者成长的必然路径。

领导者只有不断放大格局，让自己到达一定的高度，才能克服"领导病"——成果性傲慢、地位性懈怠、权力性放纵。这个高度主要有以下三个要点。

（1）人性高度：把人性善的一面激发出来，把恶的一面抑制下去，从利己到利他。

（2）认知高度：能把握规律、认识本质，不断加深自己认知的程度和拓宽自己认知的范围。

（3）思想高度：有独到的洞见和想法，同时能不断突破固有思维，从多个维度看问题。

如何放大格局？

（1）总结反省，深度思考问题的本质。不断地总结反省，才能在复杂的管理情境中提升自我认知，为自我改变打下基础，也为发现问题打下基础。如果不总结反省，管理者就会麻木，就会一招鲜、吃遍天——用一种管理方式对待所有人。这非常危险，你看似做了很多工作，最后却陷入低水平重复。甚至你根本就发现不了问题，失去敏感度，滋生更多问题。而且，只有不断地总结反省，你才会更谦卑、更低调、更开放，内心变得更柔软，感受力也因此变强，这些都是领导力必不可少的部分。

（2）加强同理心，建立多元思维视角。自我中心思维危害极大，你很容易觉得世界都欠你的，好像别人都错了。管理者本来就具有优越性，如果再加上自我中心思维，对团队发展非常不利。只有加强同理心，凡事多站在他人的立场或角度考虑，才能获得团队的信任和尊重，才能真正地激发团队。大家经常说要少数服从多数，而对于大家屈从于一致性、不敢真实地表达自己，以及普遍畏上的心理状态，我反而觉得要刻意培养多数服从少数的企业文化，尤其是从基层员工中来的少数声音。

（3）自己往后退，学会成就他人。不要凡事只顾自己出风头，显示自己多厉害，这是非常愚蠢的行为。学会推功揽过，主动承担团队的问题和责任，这样才能让团队信服，进而增强团队的凝聚力。

领导者拥有心理优势和能力优势，因此在面对下属的笨拙、错误、混乱时，要理解他们有时不是能力问题而是心理弱势所致，有时是能力弱势加心理弱势所致。很多领导者总是觉得"这么简单你都做不好",因此对下属充满斥责、嘲讽、讥笑,这会给下属带来巨大的打击和压力,有时甚至会摧毁他们的工作热情。不拿你现在的水平和标准去衡量他人是一种素养,也是格局放大的体现。

4.1.11 什么是伟大的领导者

疫情、经济放缓因素叠加,我们赶上了相对复杂的时代,很可能会失望、焦虑和抑郁。但对伟大的领导者来说,一切都不算什么。真正伟大的领导者,他就像一道光,告知我们领导力的重要性以及真正伟大的领导者是什么样的。

曼德拉毕生致力于争取南非人民种族平等的正义斗争,给混乱的南非带来希望。沃伦·本尼斯说:"世界越混乱,越需要真正的领导者。"正如克劳塞维茨在《战争论》里所讲:"什么叫领袖?要在茫茫的黑暗中,把自己的心拿出来燃烧,发出生命的微光,带领队伍走向胜利。当战争打到一塌糊涂的时候,高级将领的作用是什么?就是要在茫茫的黑暗中,用自己发出的微光,带领着你的队伍前进。"

领导力就是引领和导向,就是在模糊不清的世界里构建愿景,让大家因有方向而充满力量,并通过变革、引领和创造去实现愿景。在这个充满不确定性的时代,我们更需要领导力。变革、引领、创造这些行动单纯靠管理是很难实现的,它需要领导力。每个人都可以发挥自己的领导力,这样就可以让世界向好的方向前进一点。

曼德拉说:"最好是在幕后领导,而将下属置于幕前,尤其是当庆祝胜利或好事临近时。但在有危险时,则应身先士卒,这才是受人欣赏的领导力。"如果你永远都是主角,下属永远只能做配角,那根本不是领导力。领导力就是你能托起更多人，成就他们，让他们获得荣光。

领导者往往比别人看得更远，他们能发现别人发现不了的意义和价值。一个领导者是否有领导力，关键看他带领团队超越自我的限度。正如克莱斯勒原 CEO 鲍勃·伊顿所言："领导者是能够将一群人带到他们自己去不了的地方的人。"因此，我也劝身边企业的一些领导者，别太彰显和炫耀自己，低调行事，只有这样才能获得真正的领导力。

4.2 管理之术

4.2.1 管理者到底该干什么

管理者到底该干什么？很多人是不清晰的。我尽可能说清楚，其实也难以说得那么清楚——管理的变量和情境太过复杂，几乎找不到一个一统江湖的定论。

首先，管理者必须思考三个问题。

（1）怎么通过高效的管理活动，创造更有价值的成果？

（2）你的存在是否能为团队增光添彩？

（3）你是否具有不可替代性？

第一个问题关乎成果，第二个问题关乎价值，第三个问题关乎危机。

其次，管理者有三项核心工作。

（1）文化管理：为团队定方向，营造氛围。

（2）制度执行：有制度标准就执行好制度标准，没有就自己建立完善。

（3）人才培养：<u>管理者通过他人或团队实现工作目标，只有把人培养得更优秀，结果才能更优秀，目标才能实现。</u>

再次，管理者的一个关键动作循环：制定标准——培训标准——执行标准——考核标准——优化标准。

最后，管理者的两个核心行动纲领：带兵打仗（排兵布阵，人岗匹配，摆人头）——业务运营；掌握兵法——绩效管理。

4.2.2 管理者的四个基本功

做管理的人，到一定程度就会进入瓶颈，很难有所突破。这是一种什么状态？也许是职位无法上升，也许是很多管理难题无法解决，也许是管理成果无法突破。

这时,有些人选择死磕,有些人选择上课读书,有些人则惶惶不可终日,有些人掩耳盗铃……一般情况,瓶颈是因为基本功不扎实,无法支撑你去管理更大的团队、解决更难的问题、达成更好的成果。而管理中,以下四个基本功尤为关键。

(1)聆听与观察:真正听懂公司/上级、下属、同事、客户的意图,收集到有效信息,以便更好地理解人和事,进而做出正确合理的决策。观察,就是能全面深入地观察现实、现场、现象,尽可能客观,避免主观和自我。不要觉得长了耳朵就能听懂,往往你听到的是自己的偏见、误解、曲解。真正有效的聆听很难。

(2)沟通:很多人会说话,但不会沟通。管理者,要通过沟通达到激励的目的。这也是管理沟通的最高境界,无论是梳理职业规划、沟通问题、沟通工作安排,都能点燃团队,这才是厉害的管理者。然而现实中,很多管理者不说话还好,一说话就会打消团队的积极性,或者啰里啰唆、废话连篇,浪费大家的时间。

(3)理解:对人对事的理解,能深度思考,透过现象看本质。穿过现象的迷雾,"对事"能掌握第一性原理,"对人"能直达人性的本质。

(4)总结:很多人会干,但不具备抽象概括的能力,那么就无法有效传达自己对管理的理解,也就无法一针见血地训练下属。把具象(具体现实的管理)抽象成管理认知,就能不断复制自己有效的管理经验。这就需要总结。在实践中干,再不断抽象总结,又能反过来提升自己对人对事的理解。

这四个基本功,决定了你的高度!只有不断在管理日常中去刻意训练,你才能成为真正的高手。

4.2.3 管理者的"三度"

管理者想拿到成果，一方面靠执行力，一方面靠发现问题和解决问题的能力。但真正想提升执行力以及发现和解决问题的能力，需要靠"三度"：态度、清晰度与敏锐度（这两度相辅相成）、力度。这"三度"是去除思想麻痹、行动懈怠的人性之恶的有效法门。

（1）态度。主要包括想法、信念和意愿。想法：想要，还是一定要。信念：坚信自己、下属和目标。意愿：想成长，想做好。

（2）清晰度与敏锐度。主要指思路清晰和对事、对己、对人的敏锐感知。思路清晰：理解、认知到位，因为想明白才能干明白。敏锐度包括：①对事——能觉察到细节上的不对劲，能发现一切异常情况，能洞察到表象之下的本质，能感受到小事里的大问题。②对己——能反思自己言行里的问题，能洞悉自己的动机、出发点，能感受到行为背后的心理。③对人——能感受到他人的异常情绪，能理解语言里的内涵，能换位理解他人。

（3）力度。包括：①死磕精神——高标准、严要求、强力度、力求完美。无论做事或带团队，都秉持这种认真务实、坚持做透、较真的精神。②自律坚持——付出不亚于任何人的努力。这是检验团队是否努力的关键点。

<u>管理是一场修行，多干事儿才能获得真体验，悟到真经。</u>

4.2.4 自我管理

自我管理的关键是时间管理。**如何高效地完成工作和自我成长，减少低水平重复和怠惰行为，是检验自我管理的根本。**每个人都想有一个好的未来，有的人是在低水平重复下碌碌无为，有的人是在懒惰的侵袭下自我懈怠。管理者在管理别人前，一定是先学会管理自己。管理什么？认知、习惯、情绪、行为、态度、欲望等，其中最重要的是习惯。尤其是有利于自己达成目标和成长的改变性习惯。

管理好自己的认知，不能让自己太低级、太浅薄、太盲目；管理好自己不愿扎实干事的坏习惯，很多人总想干一番大事，小事无法入他的法眼，但其实所有的大事都是扎实的小事堆积起来的；管理好自己的情绪，遇事冷静沉着，不那么着急和愤怒；管理好自己的欲望，不被贪嗔痴等带着走，要有定力，知道自己该做什么、不该做什么。

把自己管好，就自然能很好地影响下属，把团队带上正轨。自己浅薄无知、糊里糊涂、做事毛毛躁躁、遇事情绪激动、低级欲望丛生，这些状态，必然会扰乱团队精神和秩序，任何管理举措都无法真正有效。

自律性是管理者职业化非常重要的一个体现，也是最难做到的一点。很多人在别人监督下能做好事情，但如果失去监督他们的行为就会走样。对于中高层管理者，如果天天还需要别人监督才能把工作做好，那他们根本就不配做中高层。级别越高的管理者，自律性越强，他们不但对自己严格要求，还能严格要求别人。而自我否定是优秀管理者非常重要的品质。拿过去的经验和资历说事，活在过去的光环中，自以为是，目中无人，这种人是不可用的。只有不断自我否定的管理者才能不断进步和成长。

4.2.5 跟进与放权

领导者既要跟进工作也要学会放权，然而现实中很多领导者既不会跟进也不会放权。跟进，是就达成的目标进行确认，或者就达成的工作方式、工作流程进行跟进，而不是领导者以自己意志为中心，对下属工作横加干涉。

放权是培养人才的关键，然而一些领导者什么事情都插手，这就导致下属不敢做事情，因此也就无法培养能独当一面的人才。不会放权是大多数领导者的通病，要么是对下属缺乏信任，要么是自负过头，认为只有自己才是正确的。这就使得下属变成傀儡，只能去执行领导者的意志，而无法独立开展工作、独立思考，也就无法独立承担责任。

在一些企业里，你会看到领导很忙，而下属无所事事或被逼迫着执行，他们合起来演一场"皮影戏"。看似热闹的表演，一旦领导停止拉线，整个表演就会结束。领导者最愚蠢的行为，就是把下属当傀儡。在这种状态下，领导者即使累死，也不能把企业做好。

在管理过程中，很多工作是需要不断跟进才能得到彻底执行的，这需要耐心、毅力。下属养成习惯后，才可能慢慢减少跟进。这一点，也恰恰是管理的难点。很多管理者只是一味地安排工作和要求，而缺少跟进，这就导致很多工作做得半半拉拉，不好不坏。同时，管理者也要注意放权。对于下属能做好或者说需要他们发挥创造力的工作，就需要放权给他们，让他们去折腾。这种工作如果过多跟进，就变成了干涉。

<u>在管理过程中平衡跟进与放权，是一种领导艺术。</u>

4.2.6　向唐僧学习

在管理中，很多重要的事情要重复说，在不同的场合反复强调它的重要性。就如同孙悟空一犯错唐僧就念经，作为管理者你也要不停地念经，尤其是对出错的员工。你别指望说一次，大家就能做好，你得多次强调和不断跟进，确保下属真正明白这件事情的重要性以及做它的意义。为什么要这样？

因为每个人都有他自以为是的一面，他以为他理解了，可能并没有理解。更糟糕的是，他真明白了、理解了，但并没打算真干，习惯性地懈怠或用惯常的方式去做事情。结果自然会与领导者要求的大相径庭。反复念叨，一是让下属真明白、真理解；二是让他不得不按照要求干。当然，对真正有职业自尊的人和悟性较高的人来说，点到为止。可这些人只是少数，对大多数人来说，反复念叨是有必要的。

领英 CEO 杰夫·韦纳说："当你不厌其烦地多次强调，团队成员可能才真正开始听你说话。"是的，说一遍不管用，就多说几遍。如果，你不但不说，还让下属自己悟，那你就完全没有入管理的门。那些说话让你听音、让你悟的领导都是在装深沉，以显示自己的高深莫测，实则并不能带领好团队。

4.2.7 把问题界定清楚

爱因斯坦说："把问题界定清楚，远比提出解决方案更为重要。"问题比答案更重要，要会提问，把问题界定清楚，理解和认识清楚问题，往往答案不言自明。

武志红说："每当有问题出现时，不要太急着去寻找解决问题的办法，而要先去理解和认识问题。"在日常工作中，很多管理者喜欢见招拆招，急于去解决问题，导致自己被表象蒙蔽，无法深入本质，也难以真正地解决问题。

4.2.8 从改变具体问题开始

领导力本质上是一种影响力，就是你影响现实和他人的能力。这种影响怎么体现，关键就在于你能否改变现实或他人。改变要从具体的问题开始，而不是宏大的轰轰烈烈的变革。一个个具体的小问题解决了，改变就发生了，影响力就起来了，领导力就培养出来了。

总想解决大问题、大事情的人永远也无法形成影响力，因为大问题、大事情的解决，背后都是无数个小问题、小事情的解决累积而来的。

4.2.9 把握好节奏感

管理者在开展工作时要把握好节奏感，张弛有度，该严则严，该柔则柔。持续松弛，团队会没有战斗力；持续紧张，团队会失去活力和创新能力。同时，要知道团队工作的关键点，管理者在容易出问题的地方要及时出现，给予纠正和引导。

当然管理者工作更要有力度，要有极强的达成目标的意愿，同时要不断夯实自己达成目标的能力。

要有向管理要效益、给自己定目标，且不达目的誓不罢休的决心。

4.2.10 上天入地

管理者可以构建愿景、帮团队树立目标，这样可以激发团队、调动大家的积极性。这是"上天"，看似虚，但很重要。

同时，也要深入一线、深入实践去解决问题，把一个个难题死磕下来。这是"入地"，很实，是管理的根基。

我们经常看到一些管理者口若悬河，但一干事儿就马脚全露。管理的能力和领导力的训练，都是在实践中磨出来的、打出来的、淬炼出来的，而不是想出来的、讲出来的。

4.2.11 拥有思想权

管理者拥有权力，这是他们开展管理工作的必要条件。对大多数管理者来说，如果没有了权力，他们也就没有了影响力。只有极少数优秀的领导者不需要权力也能影响团队，他们完全可以靠"非权力"来领导团队。权力包括奖惩权、资源调配权（财和物）、人事权、思想权。很多人把前面三种权力用得很好，而忽略了思想权。因为前面三种权力可以立即生效，而思想权需要时间才能显现成效。

思想权，就是管理者通过自己的思想影响团队的权力。越高阶的管理者，越需要在思想权上下功夫。管理者要通过思考获得独到的思想——它也许是关于管理，也许是关于产品和服务，又或者是关于发展，然后通过传播——沟通、会议、总结等，来影响团队的思想，让团队认知升级。

<u>可以说，思想权是管理者的核心权力，运用好这个权力会产生事半功倍的效果。可悲的是，大多数管理者是行动上的巨人、思想上的矮子，他们宁愿低水平重复，也不愿思考变革。</u>

4.2.12 显性知识与隐性知识

管理知识有两种：一种是显性知识，就是可以通过文字和语言进行传播的知识；一种是隐性知识，它内化在你的内心，你知道怎么做却无法言传。

其实很多管理者都拥有大量的隐性知识，它在实践中逐步形成，变成管理者的直觉、习惯或经验，但它很难传播。只有把这些隐性知识提炼出来，才能更好地传播和教导别人。这就是管理者需要不断总结自己思想的关键所在。

4.2.13 知识的诅咒

维基百科对"知识的诅咒"解释如下：知识的诅咒是一种认知偏见，指的是当一个人与其他人交流时，不知不觉地认为其他人有背景知识。

在管理中经常会出现你以为你说明白了，你也以为别人听懂了，但结果就是出乱子的情况，这跟知识的诅咒有关。要削弱知识的诅咒，就需要你在<u>对管理工作中面临的问题有深刻认识和全面把握的同时，还有耐心把问题的背景向下属表达清楚</u>。

4.2.14 直觉与常识

在管理中，当你直觉不对时，那就一定不对。你的直觉源于大量的实践及前人的经验或习俗，有时要相信直觉的力量。同时，我们要尊重常识——达成共识的正确规律，它源于群体智慧的结晶。

一个领导者，如果你注重直觉和常识，一般都不会差。<u>而忽视直觉和常识，过度相信自己的理性和智识，一定会犯下大错</u>。

4.2.15 管理者一定要掌握三大判断

管理者一定要掌握三大判断，这是让自己头脑清晰、抓住重点的关键。

（1）事实判断。针对事情的真假进行判断，真就是真，假就是假，对就是对，错就是错。这就是一种科学精神，即可证伪。在事实判断面前，有标准和真伪，不可胡搅蛮缠。

（2）价值判断。针对喜好善恶等进行判断，具有极强的主观性和特殊性，没有统一的标准。

（3）逻辑判断。针对逻辑论证本身进行判断，要么进行归纳、要么进行演绎，它具有逻辑统一性。

掌握这三大判断的区别：<u>对于事实就要求真；对于价值就要多元；对于逻辑就要符合逻辑形式。</u>

4.2.16　管理者要养成两个重要习惯

无论是个人成长还是管理能力提升，最重要的都是养成习惯。**<u>再难的事情，一旦养成习惯，就变得特别简单。</u>**管理者要养成两个重要习惯：

（1）用制度开展工作。有制度照着制度来，万不可随意化、经验化，没有制度要去建立制度。

（2）用流程开展工作。学会用工具、方法论来管理，而不是按照自己的感觉来管理。

很多事情，你明明知道很重要，但就是不行动，也忘了行动，比如健身、学习、总结反思，就是因为你没有养成习惯。**<u>没有什么事情是因为难而做不好的，只是因为你没有习惯做这件事情。</u>**

4.3 思考与决策

4.3.1 深度思考比勤奋更重要

"深度思考比勤奋更重要！"这句话广为人知，一度成为鸡汤。我想改一下，**勤奋地深度思考比体力上的勤奋更重要**。当然，如果你是体力劳动者，那当然要拼体力上的勤奋。

管理者要大量地做决策，要通过他人来完成工作目标，他一个人会影响一个团队。因此正如德鲁克所言：管理者必须卓有成效。只有深度思考，才能确保你的决策、协调、安排、组织是合理的。管理者不动脑子，会让团队低效运转，既不可能提高效率，也不可能有好的成果。

4.3.2 深度思考从"定义问题"开始

深入业务现场，去发现问题，然后定义问题，再解决问题。管理切忌坐在办公室里论天下，而是要到业务现场，用标准、目标、经验去发现问题。基于标准和目标找差距，基于经验找不足。很多管理者认为管理就是解决问题，但其实最关键的是定义问题，**定义好问题，问题就解决了一大半**。发现了问题，立刻着急忙慌地去解决问题，往往解决问题的同时也会制造出新的问题。

定义问题的关键，就是透过表象发现本质。很多时候，我们发现的问题只是表象问题，认清问题的本质，才能从根本上解决问题。例如：你发现下属的执行力差，你认为这是个问题，然后就想办法去提升他的执行力，有些企业甚至开展执行力培训，结果发现于事无补。而这个问题的本质，可能是下属内心压根不服你。如果你知道了这个问题的本质，你要做的可能是提升你的领导力而不是下属的执行力。

4.3.3 突破自己的思维框架

领导者的经验和经历会构成他的世界观、人生观、价值观，延伸成他的做事方式、工作风格、行为习惯，然后逐步形成思维模式，进而构建起他的行事作风。例如，那些技术出身的领导者走上高层就会抓技术；那些营销出身的领导者走上高层就会抓营销。然后，你就看到一个个技术导向、营销导向的公司出现，而不是以公司应有的导向出现。偏见、狭隘就此滋生。这就如同一个缺乏现代文明认知、现代权力来源认知的人，走上领导岗位，会用控制、命令、权谋把团队折腾得团团转。这种领导者，其实就是没文化。

<u>只有突破自己的思维框架，重构对文明、文化、权力、管理的认知，多角度、多立场、多维度地去看一件事，才会改变已有的做事方式、工作风格、行为习惯。</u>至此，愚蠢的政策、制度、要求才会得到修正。领导者如何突破自己的思维框架？

（1）承认理性的局限性。理性有的时候是激情的"奴隶"，在一定的思想框架之下形成的激情很容易把理性带向片面、主观、偏狭。是人就会犯错，承认自己理性的局限性，是克制理性偏狭的开始。

（2）把权力关进笼子。权力如果放任，必然会走向毁灭。权力越大，人越容易犯错。对权力进行制约，无论是分权还是制衡，都是有效的。对企业的高层领导者来说，权力得到合理的限制，才能发挥它应有的正面作用，同时消减负面作用。

（3）多角度的信息。有效的多角度信息，可以增长见识，打开视野和格局。建立渠道主动寻求反馈，通过团队头脑风暴进行研讨，多读点书、与高手交流、听真正有价值的课等，都可以获得有效的多角度信息。这些信息形成反馈，进而破解原有的认知和思考模式。

（4）接受质疑并反思。无论多么正确的制度和政策，都可能存在本身固有的狭隘与缺陷。接受团队质疑，听见否定、反驳、意见，就能冲撞原有认知模式，它可能是制度改革和优化的良药。领导者进行自我反思、自我批评，以及把让别人批评制度化，都能有效地获得新的思考。

4.3.4 结构化地、系统地思考问题

很多时候，我们思考问题时，用的是领导者视角，就是从"我"的经验和角度出发，这样很容易经验化、个性化、表面化、片面化。针对一个问题，要结构化地、系统地思考。这个概念听起来有些抽象，我举个例子。比如，我们要定一个运营标准，领导者视角：要么是我以前就这么干，所以现在也应该这么干；要么是我觉得应该这么干；要么是我想这么干。而结构化地、系统地思考如下。

（1）客户层面：这么做会不会提升客户满意度，会不会消解客户满意度？这么做是否会影响其他标准操作进而影响客户满意度？这么做能不能持续保证客户满意？

（2）员工层面：这么做会不会提升员工满意度？员工好不好操作？员工技能是否可以支撑？员工素质能否实现这样的标准？会不会给员工制造不必要的麻烦？会不会影响员工的其他操作？

（3）企业层面：这么做是否符合企业文化价值观？有没有提升运营效率？能不能创造价值？能不能持续塑造客户价值，进而创造经验效益？会不会增加运营成本，企业能否承受？

4.3.5 思考是最大的捷径

人天生倾向于确定性和稳定性，拒绝不确定性，这样可以不那么焦虑和难受。然而也正是这种倾向，让我们疏于思考，总想快速找到确切答案。"磨刀不误砍柴工"，深度思考是管理者最大的"捷径"！停下来多思考一下，可能短时间会让你更加焦虑，但今天的焦虑是为了未来少焦虑甚至不焦虑。

罗素说：许多人宁愿死，也不愿思考，事实上他们也确实至死都没有思考。不思考，作为人来说，是多么悲哀的事情！

4.3.6 管理者要注重深度思考、深度总结和深度反思

（1）深度思考，才能让我们了解清楚事情的来龙去脉，才能更好地预知未来，并看清事物的本质，从而有效地做出决策。

（2）深度总结，才能让我们从过去的经验中汲取教训，并为接下来的行动提供参考，保留优秀实践，规避错误的实践。

（3）深度反思，才能让我们认清人性的弱点，认识到自己的优势和劣势。

深度思考的前提是少下结论；深度总结的前提是少满足于已有答案；深度反思的前提是少固化自我。

总结反思是领导力修炼的最佳工具，它能让领导者更好地从实践中提炼自己的思想、避免不必要的问题，进而提升领导力，最终提升团队的整体绩效。总结反思是成长的利器，是你超越自己、突破自己的重要工具。

4.3.7 梳理自己的工作思路

管理者一定要养成一个习惯：梳理自己的工作思路。拿出一支

笔、一个本子，把自己的工作思路、管理思路一遍遍梳理、演练、复盘、优化，能让自己把控工作要点和重心，清晰工作方向，条理性和逻辑性都会大大提升。普通管理者与优秀管理者之间最大的差距就是：工作的思路是否清晰。

思路清晰是管理者的命脉。你能清晰地把控工作重心，知道什么时间该干什么，也知道自己的角色，并认真履行到位。思路混乱必然带来结果混乱，无法真正发挥好管理的职能。如何保持思路清晰？

（1）不断总结反思自己的工作。

（2）不断梳理整理自己的思路。

（3）跟优秀领导者交流探讨。

（4）学习基础知识，比如表达、沟通等。

4.3.8 决策的含金量

郭鹤年说："企业要想活得好，就要减少决策。"管理者要不断做决策，但很多管理者做决策时有几个习惯。

（1）肤浅化：没有深度思考。

（2）随意化：朝令夕改，不能深度履行。

（3）零散化：决策之间缺乏连贯性，彼此无关。

（4）理想化：决策脱离实际，无法执行。

可见，管理者做决策要少而精，要做有含金量的决策，频繁决策必然会导致上述问题出现，一旦决策确定，必须认真、坚持做透。

4.3.9 如何做出高质量决策

做出高质量的决策，是管理成功的关键。需要做到以下四点：

（1）有极强的判断力。良好的判断力从何而来？

第一，视野足够开阔。不短视，能看到更长远的未来。

第二，格局足够大。不狭隘、不自私，拥有极强的利他思维和同理心，能换到不同的角度思考问题。

第三，深度思考，触达问题本质。不能掉入事中，要能抽身审视事情，也就是别被就事论事的思维所限。

第四，底蕴丰厚，通过阅读或与高人交流，让自己有更丰富的常识和见识。

（2）在对与对之间选择。**管理者做决策，往往不是在对与错之间选择，而是在对与对之间选择。**也就是说在一堆正确方案中，选择最优方案。这就需要管理者具备极强的洞察力和认知能力。否则，明明有最好的方案，你却选择了一个最差的方案，这对于解决问题就会打折扣。管理的功力就体现在选择之中。

（3）整合有效信息。"情况不明决心大，资料不多观点多"，很多管理者不能深入业务实践，做决策想当然。然而，管理决策面对的是一项复合题，管理者必须整合多种要素和知识点，了解更多情况，收集尽可能多的资料，以形成有效信息，最终形成自己的判断。基于此做的决策才能更有效。

（4）接受反馈，能听取不同层级或不同角度的意见。决策结果的好坏，一般都是通过反馈体现的，这些反馈包括收集的信息、不同的意见和批评。尤其是批评，能让一个管理者更加清醒。然而很多管理者排斥批评，这就导致批评退场。批评退场是管理者的悲哀，是高效管理的大敌。

4.3.10 如何高效决策

管理者想要决策效率更高，发现问题是前提，定义问题是根基，解决问题是关键。不能发现问题，或者说明明存在问题却根本不能纳入自己的认知范畴，那么决策基本是无源之水。任何一项决策，都应该是为了解决相应的问题。

发现了问题，但不能很好地定义问题——把问题的内涵与外延说清楚，那么决策也会失效。一项决策出来，不能很好地定义问题，那就无法根本地解决问题，那怎么会有效率呢？最重要，也是最容易被忽视的，就是一项决策必须要解决相应的问题，要制订行动计划和跟踪措施。管理者存在的最大价值就是解决问题，遇到问题必须迎难而上。

4.3.11 决策反馈

反馈是决策的延续，只有接受大量的问题反馈，我们才能了解实情，才能更好地做决策或者领导团队。然而，实际工作中，我们往往很难接受问题反馈。原因如下：

（1）人的自以为是。觉得自己都是对的，把别人的反馈不当一回事儿。

（2）虚荣与面子。被别人奉承和赞美是人性深处的需求，而真实的问题反馈会伤及虚荣心与面子。

（3）喜欢舒适区。人都喜欢确定性或者平衡，不喜欢混乱与变化，而问题必然会打破确定性与平衡，人自然地会排斥。

领导团队，我们要静下心来，聆听各个层级人的问题反馈，并认真地记录，系统地梳理和解决，如此才能不断解决问题并拿出成果。只做日常的管理，对于问题掩耳盗铃，或者对于反馈左耳进右耳出，那管理工作只会停滞不前，不会取得任何突破性的进展。**每一次问题**

反馈，都是我们自我成长或管理进步的良药。

4.4　学习与成长

4.4.1　领导力就是自我发展的学问

领导力就是自我发展的学问。市面上有很多关于领导力和管理的课程及书籍，可大家发现，很多企业在这方面投入了很多，依然缺乏领导力，企业管理依然无法真正有效进行。为什么？很明显，许多企业和领导者，只是在运用这些工具或方法去控制团队，而没有真心去"领导"团队。

无印良品社长松井忠三在《无印良品育才法则》里讲："仅靠诀窍是无法操纵任何人的。只要秉着真挚的态度投身工作，团队成员也必定会对你报以信任。"领导，拆开来看，是引领和导向。这两点，只是基础。

真正的领导力，一定是你所拥有的"真挚的态度"——你是不是真正为使命而战，你是不是真正对团队好，你是不是真正对客户好。 一切外在的工具和方法，都无法取代你所拥有的态度。而态度是需要修炼的，它是装不出来的。因此，我们可以明确地认识到，领导力就是个人的修为，它是修炼来的，就是通过不断地自我发展获得，无法单纯通过工具和方法获得。

4.4.2　领导力是成为自己

领导力不是与生俱来的，它是可以培养、可以提升的。很多时候，一些管理者领导力极差，就源于他们没有去刻意练习，认为领导力天生具有，这阻碍了他们的成长和改进。大多数管理者干了很多年后，依然没有多大进步，关键就是他们自动完成、随机应变，没有学习工具、方法。

我们从领导力的维度聊聊成为自己。许多领导者为了让自己像个领导者，会模仿他人，也会粉饰自己，总之没有做自己！杰克·韦尔奇火遍全球时，许多领导者都在模仿他。曾经在他下面工作过的安进公司主席兼CEO凯文·夏尔说："所有的人都想成为杰克，但是领导力的表现方式有很多种。你需要成为自己，而不是一味地去模仿别人。"

领导力的发挥，是基于信任。信任是团队宝贵的财富，要获得信任，唯独靠真诚。一个不真诚的领导者永远不可能获得大家的信任，领导力也就无从谈起。真诚地面对困难、自己的过去、内心以及团队，成为你自己，才能获得信任，才能拥有领导力。

领导力大师美敦力CEO比尔·乔治在《真北》里讲道："这个世界上没有一个人可以通过效仿他人而成为一名真诚的领导者。没错，你可以汲取他人的成功经验，但你绝对不可能通过模仿他人而获得成功。只有当你表现出自己真诚的一面时，人们才会真正地信任你。"因此，想获得真正的领导力，唯有成为自己。想成为另一个人，是成长的最大误区。

成为自己，做自己，才是人生制胜的法宝，也是领导力提升的法宝。这个世界上最美妙的事情，莫过于充满激情地做自己，最终成为**独特的自己**。

4.4.3　不断进行自我革新

大多数企业在发展过程中，慢慢会走向衰败，这几乎成为无法破解的诅咒。原本创业初期非常优秀，无论产品和服务都具备极强的竞争力，这些支持企业发展的核心点都在企业成长中褪色。每个企业都想持续领先，永保竞争力，但实际少有企业能做到。究其原因，就是管理者，尤其是企业高管，会出现下列问题：

（1）思维固化，失去开放心态，难以接受新鲜事物和反馈，沉浸在自我的世界中。这样决策必然会出现狭隘化，甚至以自我利益为重，失去客观公正性。

（2）技能陈旧，却不学习革新自己，坚守固有的操作方法。当一个企业营收达到一个亿时，管理者还在用一千万的干法经营企业，企业必死无疑。

（3）居功自傲，出现成果性傲慢、地位性懈怠、权力性放纵。企业高管一旦身居要位，掌握企业发展的关键资源，也控制着企业的关键决策权，他们就应该更加精进，并不断进行自我迭代，但实际相反。管理者一旦身居高位，就开始拿过去的成果居功自傲，不思进取；因位高权重，缺乏必要的监督，懈怠成为常态；也因拥有权力，将自己凌驾于制度之上，甚至为自己谋利。

当企业不断发展时，管理者必须不断进行自我革新，革新自己的思维、技能、心态、知识。必须从经验化的状态走向职业化，也就是你必须学习理论，系统学习专业的管理知识，以便自己更加系统和本质地看待问题。**一个经验化的管理者，永远都不可能随企业发展而持续贡献价值。能持续贡献价值，就需要具备极强的学习力，即不断进行自我变革、自我否定、接受反馈、接受新事物的能力。**在企业发展过程中，对于缺乏学习力的管理者，要么放在边缘岗位，要么及时淘汰，否则他们会成为企业发展的阻碍。

4.4.4 避免低水平重复

有很多管理者拥有 10 年甚至更长年限的管理经验，而水平却差得一塌糊涂，有的连别人一年的管理经验都不如。这样的差距，谁也不想看到，但它就是产生了。管理不是靠时间积累出来的，而是靠管理者的个人成长。为什么差距会如此之大？

（1）低水平重复。很多管理者虽然有 10 年的管理经验，但他们只不过在低水平地重复做一些事情，甚至只是在重复第一年学到的技能而已。做任何事情，只是低水平重复，根本不可能有能力上的提升。

（2）浮躁膨胀。做管理可能比做任何工作都容易让人膨胀，因为它有权力，权力最容易滋生腐败，它会让管理变成一个人的狂欢，也就是权力性放纵。一旦拥有权力，人就容易浮躁膨胀，进而失去自我，变得牛哄哄、自以为是而不自知。

（3）难以自律改进。一旦成为管理者，尤其是中高层管理者，地位会让他们懈怠——地位性懈怠，出现问题也很少获得反馈，他们就难以做到自律改进，成长也因此停滞。

（4）重实践、轻理论。大多管理者都从一线打拼上来，他们把实践看得无比重要，轻视理论，认为研究理论是学者的事情。然而，管理者想要上升到一定高度就必须学习相应的理论知识，否则就难以获得进步和提升，瓶颈也就产生。其实，任何时候理论与实践都相辅相成，你的管理假设、对人性的判断都是理论，只不过它们是经验总结，而不是通过实证研究得来的。

（5）学习力不足。不断学习新知识、接受反馈、接受新事物、自我反省改进，是促进一个人成长的关键，也是一个人学习力的体现。

想要成为一个不断成长的优秀管理者，就需要避免低水平重复，不断优化管理细节；避免浮躁膨胀，谦卑地做人做事；坚持自律改进；不断学习理论，深化自己的专业知识；提升自己的学习力。

4.4.5　别指望下属都喜欢你

管理过程中，对于下属的问题要反馈，然而谁都不愿意承认自己有问题，因此只要你认真反馈，就会让下属不舒服；对于下属的错误要处罚，然而谁也不想被处罚，因此只要你奖罚分明，就会让下属难受。

这样，他们会喜欢你吗？不会。这是人性。如果你反馈问题、处罚他，他还欣然接受甚至感激你，那绝对是高手，也是少数。同时，你还要带领下属成长，成长就是要突破固有的思维、习惯、工作方式，这也会让下属不舒服。

一个下属都喜欢的管理者，他要么是个老好人，要么是个和稀泥的人，这样的人不适合做管理者。

4.4.6　优秀领导者成长有三个阶段

优秀领导者成长有三个阶段：关注自我；关注他人；完全自我管理。

刚开始，都是考虑自己的感受、收获、薪酬待遇、成长等。随着成长，自己心里能装下更多人，也就是常说的"你能容多少人，就能领导多少人"，这时开始就慢慢地由关注自我转向关注他人——成就他人之心升起。人因此自私减弱，无私增持，领导力也就越来越强（这里特别说明：一个极度自私的人永远不可能成为优秀的领导者）。

当你的领导力越来越强，你能解决的难题就越来越多，相应地听到的负面话语就越来越少。这时会步入一个危险境地，就是你产生对成功的路径依赖，思维和工作方式变得越来越固化，最关键的是没有人再像以前那样督促你。你就容易陷入自我、自尊极强、自负的状态，其实你不是变强而是变得更脆弱了。再加上步入更高职位，很多工作通过下属完成，你的业务技能会下降，这时更容易变成空谈道理和概念的"大师"，俗话说就是不接地气。因此就需要自我管理，不断地进行自我否定、自我调适、认知升级、思维迭代、工作方式变革等。这样，你才能上到一个更高的台阶，否则很容易又回到成长初期的关注自我阶段。

4.4.7 教是最好的学

俗话说：教会徒弟，饿死师傅。但管理除外，你越是教别人，越能把管理弄透，这样你才可能成为真正的高手。管理大师马奇说："我在这个世界上学到了很多，大多数是通过教而学会的。"位于美国缅因州的美国国家训练实验室，提出过一个非常著名的研究成果，叫作"学习金字塔"（见图4-1）。

图 4-1 学习金字塔

资料来源：美国国家训练实验室

学习分为被动学习和主动学习两部分。被动学习通常指的是听讲、阅读、视听、演示；主动学习包括讨论、实践、教授。从学习后知识的留存率来看，主动学习明显高于被动学习，而学习留存率最高的就是把知识教给别人，达到 90% 的留存率。通过这个研究，我们可以看出，教是最好的学。通过教去培养领导者，把自己的管理经验和方法传授给他人，一方面可以验证其可复制的有效性，另一方面能对自己的管理理解得更加透彻。

韦尔奇在接手通用电气后，一方面精简机构，另一方面又花了 4500 万美元建立克罗顿维尔培训中心，而且每隔两周要亲自授课。受韦尔奇的邀请，诺尔·蒂奇成为这个培训中心的负责人，他说 CEO 是最大的老师。最终我们看到的是，通用电气为社会培养了大批人才——有 25～30 个通用电气的前经理人在执掌大公司。而通用电气自己也成了最伟大的企业之一。

<u>管理者倾囊相授，组织才能人才辈出，作为管理者也才能真正地达成工作目标——管理是通过他人实现工作目标。</u>

4.5 可贵的品质

4.5.1 优秀管理者的基本素质

管理工作是一项综合能力,需要你处处操心,心系他人和大局。充满自私的念头,一切为己者,是不可能领导团队的。职位的上升,就是一个由利己到利他格局的转变过程。<u>但凡一个优秀的管理者,他一定会主动积极地去承担事情、解决问题</u>。这其中,须具备以下基本素质:

(1)保持平衡心态。很多从基层做起来的领导者,起步阶段缺乏自信,不把自己当回事。然而,当取得点成就后又太把自己当回事,傲慢、清高、自以为是、刚愎自用。调适自己很关键,起步时要多肯定和认可自己,取得了成就后就要学会否定自己。

(2)学会换位思考。作为管理者,如果不能换位思考,看待问题只站在自己的立场,这是极大的自私,很难获得团队信服。管理者要多替同事、下属着想。自私是领导力的大敌,如果不加以克服,必然会消磨团队斗志。

(3)摒弃"应该思维"。很多时候我们犯错误,都是因为自己有太多的应该思维,觉得应该如此,没有真正去研究和分析事实就按自我的观点去做事情。应该思维基本等同于固化思维,大多时候,我们看到的是表象,而不是本质。少下结论、少点儿应该思维,才能让我们看到更多的可能性。

(4)不要自我设限。诺德豪斯在《领导学——理论与实践》中写道:"不要基于某些总括、自我拆台的结论,就将自己排除在领导的竞技场之外。"很多人认为自己无法成为一名优秀的领导者,这就是一种自我设限。其实不然，通过实践中的淬炼，大多数人都可以成为优秀的领导者。

（5）切忌自私自利。任何一个人，如果为了自己的私利不择手段，就是人品问题。自私自利的领导者，路只会越走越窄，把自己逼进死胡同，狭隘的格局会毁掉他自以为是的聪明。任何一个走向急功近利的管理者，我们都要小心，他会给企业或者团队带来灾难。

（6）戒骄戒躁。成功会导致懒散和浮夸，而这些又会导致走下坡路。很少有企业能够躲过这个怪圈。成功本来是好事情，但很容易滋生怠惰，因此成功会成为分水岭，原来爬坡过程的奋斗精神、吃苦耐劳、投入付出，都会因达成目标后出现懒散、浮躁、自以为是而滑坡，无论个人或企业都是如此。躲过这个怪圈，需要领导者不断树立高目标，建立组织的防怠惰机制，保持企业持续发展的活力。

（7）死磕精神。作为一名管理者，就是要有死磕精神，不达目的誓不罢休，时刻用目标引导和开展工作。唯一的方法就是下苦功夫和笨功夫，把细节一点一滴地夯实。再好的管理技巧和经验，如果没有死磕精神，总想走捷径，那也一定无法做出成果。

（8）避免挑剔思维。积极心理学之父塞利格曼说："冷漠、消极情绪会激发一种挑剔的思维方式——集中注意去挑毛病，然后宣判出局。"这给我们一个启示，在情绪不好时，少做决策，以避免挑剔思维。

（9）具备持续投入的精神。任何工作如果不能持续投入和跟进，就难以获得成果。很多管理者喜欢不断创新，但不坚持做透，到最后看似做了很多工作，却一个也不能获得成效。或者他们做事情总是半途而废，不能持之以恒，因此做不出任何成果。坚持做透、持续投入地去做事情，是管理的最好法宝。这看似笨，却是真正的捷径。

（10）谨防话语霸权。领导者往往都很强势，有的甚至把错的也说成对的。因此下属很难真正把内心的声音表达出来。而无法表达内心，也就意味着压抑，导致创造力被埋没，工作的积极性被打消。真正优秀的领导者一定要谨防话语霸权。

4.5.2　信任是领导者最大的资本

信任是领导者最大的资本，当大家都对你失去信任时，你也就失去了领导力。有些领导者可以用欺骗、谎言去迷惑团队，获得暂时的信任，但失去了领导者基本的素养——正直。

因此，领导者必须基于正直行动，并用自己的一切言行去捍卫你的信任资本。深圳赛格集团董事长孙玉麟曾说："领导者往往过高地评估自己，过低地使用自己。"这几乎是领导者的普遍现象。

4.5.3　勤勉

能否很好地履行管理职责，决定了你的工作能否达成目标或产生成果。该检查时要做好检查，该协调时要做好协调，该计划时要做好计划，该沟通时要做好沟通，该激励时要做好激励。这是基本的管理要求，但很多管理者做不到。他们要么用扎在具体事务性工作中的伪勤奋掩盖管理渎职，要么用懒怠松散的惰性行为对待自己该履行的职责。这样的管理者既不可能保证工作结果，也不可能自我进化成长。他们在混日子的同时也被日子混掉，最后一无所长，却自视甚高，最终把自己架起来废掉。

优秀管理者最基本的特征，就是严格要求自己履行管理职责，哪怕再难也不会逃避或糊弄。管理者只要稍一松懈，团队就会下滑，甚至用心干都会出问题，何况偷懒呢？

管理是个勤行，它的特性就让你无法偷懒或混日子，唯有扎扎实实地死磕才能自我成长并带领团队成长，最终不断自我超越。

4.5.4　以身作则与匠人精神

以身作则，才能真正让文化落地，员工不会听你怎么说，但会看你怎么干。以身作则才能让管理动作起效。而不能以身作则，员工就会抵制领导者和文化，也许表面上会迫于你的权威服从你，但内心是排斥的。更要命的是，员工会进一步抵制文化，通过消极抵抗、沉默抵抗、私下发泄来对抗，这些行为一旦多了就会形成亚文化，进一步让企业的文化成为一堆废纸。

匠人精神是做任何职业都需要的，管理更需要。作为领导者，你需要把每个概念、每个问题搞清楚、搞透彻，才能更好地领导团队成长和进步，这里不能有粗枝大叶、蜻蜓点水，更不能有好高骛远。

4.5.5　论坚毅

坚毅对一个人的成就影响巨大。《哈佛商业评论》2018年第11期文章《锻造坚毅组织》提出："成就高的人都有超乎常人的耐力。即使他们已经是各自行业的佼佼者，仍坚持提升自己。即便他们为工作做出很大牺牲，也依然深爱着自己的事业。即使他们面前出现捷径，仍不懈努力。"

这里表达了一个优秀的人，会不断自我超越：不计得失，用心付出；不走捷径，持续努力。这就是他们身上体现的坚毅特质。而很多人容易安于现状，不思进取；计较个人付出与回报是否成正比；只要有捷径就会放下努力。成就是一步步走出来、拼出来、战出来的，它不是天上掉下来的。

文章还说道：坚毅的两大关键组成因素是激情和坚韧。激情源于你对自身专业领域的内在兴趣和目标感——深信你的工作不仅有意义，还能帮到他人。坚韧是面对厄运时的百折不挠，也是对持续提升的坚持不懈。这句话讲透了坚毅的核心要领，也讲透了激情到底是什么。坚毅直接影响着一个人能否取得成就，是管理者身上最重要的特质。

4.5.6 困局，唯"狠"能破

清华大学经济学教授宁向东说：管理学是一种"破局"的智慧。所谓的"局"，就是人和资源之间的相互关系。

在管理中，我们会遇到很多困局。一种是外在客观的困局，一种是自我主观的困局。无论是破外在的局，还是自我的局，唯"狠"能破。没有一股狠劲，你往往会被困局搅得团团转，难以突破；会始终在原地打转，很难达成目标。

<u>一股不达目标誓不罢休的劲头，内心涌动的死磕精神，是管理者必备的狠劲。</u>

4.5.7 敢于做白日梦

领导者要敢于吹牛，做白日梦。大胆吹牛，然后努力去实现。只有想得到，才能做得到。畏畏缩缩、瞻前顾后的人，是做不了领导者的。<u>优秀的领导者做事时，不是基于现有条件而设定梦想，而是基于</u>

梦想去创造条件或争取资源。

劳伦斯在《智慧七柱》中，这样讲述他的人生哲学："人皆有梦，但多寡不同。夜间做梦的人，日间醒来发现心灵尘灰深处所梦不过是虚华一场；但日间做梦的人则是危险人物，因为他们睁着眼行其所梦，甚至使之可能。"做白日梦，并行其所梦的人，是非常厉害的人。

4.5.8 成功的欲望与好奇心

大量研究表明，杰出领导者有两个特点：第一，有强烈的成功欲望，想变得更好；第二，充满好奇心，总在问问题，总想提高自己。换个说法，杰出领导者有目标感，并有强烈的达成目标的欲望，同时对一切保持好奇，并愿意放下成见通过问问题进行学习。领导力无法通过上课、阅读获得，而是在通过讲故事厘清自我，通过行动影响和改变现实的过程中获得的。

与丰田汽车金融（中国）的董事长植田匡志先生一起吃饭，我见识到了什么是真正的领导者。植田先生当时已经59岁了，面色红润、精气十足，根本不像这个年龄的人，倒是像只有49岁。更厉害的是，他很随和，没有大企业领导那种高高在上的架子，从头到尾都充满好奇心地跟我聊天。他一直在问我的成长经历，我在企业变革中的体会和感受。聊完，他说很受益，他说他现在也要带领团队变革，但感觉很难。他分管的丰田汽车金融（中国）每年有两亿多元人民币的利润，但他说这是过去努力的结果，大家必须通过现在的努力让未来的利润变得更高。他感受到<u>团队在利润很好时，推动变革遇到的阻力很大，但又必须去创新与变革</u>。

植田先生不是那种社交上的应付式聊天，而是真正地在聆听和探讨。那种极强的好奇心，配上谦和的态度，以及对创新与变革的愿望，不像是大企业领导者的状态，也不像是一个59岁老人的状态。作为领导者，无论年龄多大、职位多高，充满好奇心和变革的愿望是非常重要的。对任何一个组织来说，领导缺乏好奇心，就必然会自大傲慢；而缺少变革意识，就必然会让组织停滞不前。

4.5.9　在危急时刻让团队看到希望的能力

领导力就是激发他人的能力，卓越的领导力能让团队充满激情和斗志，即使在最艰难的时候也是如此。而在危急时刻，能否激发团队，让大家看到希望，这是对领导力的检验标准。

克劳塞维茨在其名著《战争论》中有一句名言："当战争打到一塌糊涂的时候，高级将领的作用是什么？就是要在茫茫的黑暗中，用自己发出的微光，带领着你的队伍前进。"

领导者，是向导，是暗夜里的微光，在迷茫时，给大家方向；在失落时，激发大家的斗志；在恐惧时，给予大家力量。

4.5.10　敢于承认错误

很多人误解了领导力，认为领导者准确无误、风度翩翩才是领导力。而**真正的领导力，体现在领导者敢于承认自己的错误、回归常人的生活状态**。知错是领导者要修炼的心态、格局，这是领导力的要领。

敢于承认错误，既可以更好地激发团队——领导者坦诚地面对问题可以获得信任，也可以为变革营造良好的文化氛围——变革需要有认错的文化。

回归常人的生活状态，能让领导者深入人心，打破没有必要的距离感，容易激发团队成员的内在动力。

4.5.11 明辨是非

做管理，一定要区分是非，做人更是如此。这是一件困难的事情。你的经历、认知、偏见都会影响你区分是非，这就是很多人无法明辨是非的原因。做一个能明辨是非的人，需要具备以下两个能力。

（1）分辨好听的话与难听的话。好听的话听一半，或者不听。给你讲好听的话的人，要么有求于你，要么弱于你。有求于你是在恭维你，弱于你是在拍马屁。这里有一条铁律：赞许别人是美德，但大多数人并不具备。这是人性使然。好听的话往往都不是赞美（极少是真心的赞美），大多是拍马屁和恭维。难听的话全听，或者多听。**给你讲的难听的话，要么是真相，要么是诉求。真相让你更清醒，诉求让你决策更精准。**

（2）分辨大话与小话。大话是空谈口号、概念和宏观，怎么大怎么讲，怎么模糊怎么讲。小话是谈实际、具体和微观，怎么小怎么讲，怎么清晰怎么讲。大话往往假和空，而小话往往真和实。

4.5.12 洞察力

领导者需要极强的洞察力，以便更好地发现趋势、关键点、症结性难题，并基于自己的发现形成新认知，然后带领组织创造新战略。如何培养洞察力，成为领导者一个重要的课题，可以从以下几点入手：

（1）深入实践，感知组织运营细节，沉淀有效经验。不懂得细节，也就不可能有很强的判断力。

（2）革新观念，用观念推动新行动或行为。没有好的观念，也就没有好的认知。

（3）打破固化的圈层或模式，尝试新的可能性。没有多元的圈层和模式，就会变得窄化和狭隘。

4.5.13 敏感度

要想成为一个优秀的管理者，必须具备极强的敏感度。这里的敏感度，是指对人对事能很敏感地觉知出问题，并快速做出反应。毁灭组织有三种慢性毒药，其中两个是"小事大问题"及"小问题叠加"，而解决这两个问题，都需要管理者具备极强的敏感度。有些管理者很迟钝，这就导致他们无视问题，或漠视问题，结果就是把团队带得很混乱。

实际工作中，我们看到一些管理者因为熟悉、惯性，敏感度降低，结果就是团队业绩下滑。不断提升自己的敏感度，是管理者非常重要的任务。要提升自己的敏感度，可以在以下几点上下功夫：

（1）提升自己的标准，这样就容易基于标准发现问题。

（2）积累经验，这样就会基于自己的经验发现问题。

（3）定目标，这样就会基于自己的目标发现问题。

此外，敏感度的十大表现是：第一，能觉察到细节上的不对劲；第二，能发现一切异常情况；第三，能洞察到表象之下的本质；第四，能感受到小事里的大问题；第五，能反思自己言行里的问题；第六，能洞悉自己的动机、出发点；第七，能感受到行为背后的心理；第八，能感受到他人的异常情绪；第九，能理解语言里的内涵；第十，能换位理解他人。

4.5.14 情绪是第一生产力

清华大学经济学教授宁向东说:"管理者需要格外注意:情绪,才是第一生产力。管理者首先需要把自己的情绪变得更加积极,同时还要学会有意识地将这种情绪传递给员工。一个人情绪差的时候,他的工作表现一定差;而一个人情绪饱满的时候,他的创造力一定超强。"情绪是第一生产力。对管理者来说,如果控制不好自己的情绪,那他就一定无法做好管理。

但情绪好坏也要辩证地来看。有句话很多人都讲:发脾气是无能的体现。因为你没有更好的办法,只能通过发脾气来解决问题。如果在这个表达前加上"随意"两字,也许更有道理。偶尔发脾气,这很正常,但如果随意发脾气,那就是无能的表现,发脾气与性格、责任大小有关。

领导风格是多元的。有的人性格温和,拥有很强的领导力;有的人性格暴躁,但也拥有很强的领导力。身上担的责任大,就容易焦虑上火,发脾气也很正常。只有老好人才不会发脾气,但老好人做不好领导者,也难当重任。

4.5.15 变革的能力

变革能力是管理者引领团队持续成长的核心能力。舒适区是每个人的最爱,但成长就得不断突破原有舒适区,不断扩大自己舒适区的范围。停留在原有舒适区,就意味着停滞、固化。团队处于这种状态,会让大家看不到希望,且每个人都无法精进、成长,团队必然会走下坡路。管理者的变革能力从哪里来?有以下两个要点:

(1)自我突破。自我突破就是你能不断否定、颠覆自己原有认知和思维模式，不断自我迭代、升级。坚守和固化自己的想法，是非常麻烦的。随着情境的变化，只有不断革新你的想法，才能更好地动态适应。

（2）寻求反馈。有一句话讲"我一讲话就停止学习了"，为何？你讲话时就是在表达自我，在肯定自己的观点，同时就失去了聆听的机会。学习不是你说，而是听别人说。更进一步的状态是，不断寻求别人对自己的看法和意见，也就是不但要听，还要主动去听，且听自己不想听的。这样，你才能更好地审视自己，提升自我认知，打破自我认知的盲区。

4.5.16　有点儿爱好

在一般认知里，领导者总是把日程排得满满的，密不透风。然而一个高效的领导者，一定是既有埋头苦干的时候，也有仰望星空的时间。《哈佛商业评论》中文版2018年11月刊中有一篇文章《想当个好领导，为什么一定要有点爱好？》，指出爱好对领导者个人的帮助，调查发现了以下几个突出共性：

（1）爱好能够彻底解放自己。研究显示，拥有积极、主动的业余爱好是唯一能够让人满血复活的方法。爱好能让人从繁忙的工作中解放出来，恢复自己的心智和思维敏捷度。心中若只有工作，压力会让一个人视野窄化，难以高效决策。

（2）爱好意味着不断地朝着"最佳自我"努力。真正的非工作方面的激情，会带来自我持续完善的动力，以达到新的掌控境界。爱好能让领导者变得更加多元和专注，使其对生活拥有更多的热情和激情，不断丰富和完善自己，因此会让他走向"最佳自我"。

（3）爱好有助于人们养成颇受欢迎的谦逊态度。领导者地位越高，就越需要通过某种事物来偶尔提醒：自己只是一个平凡人。在投入爱好的状态中，领导者从高高在上的状态回归平凡的生活，变得更加具有人情味儿。同时，投入学习和钻研，就会遇到困局，它使人拥有更清楚的自我认知，变得更谦逊。

（4）爱好能够提供一种"完全掌控"的体验。工作中，越是职位高的领导者，越容易面临失控的局面，也就是说他面对的模糊性和不确定性事件会增加。借助爱好，可以更好地拥有掌控感，避免焦虑情绪给自己带来更多的压力。

（5）爱好有助于与跟随者建立一种更深层次的关系。拥有"严肃的业余爱好"的大多数CEO，已经找到了与其跟随者进行沟通的方式。爱好可以越过职级，建立与下属更深层的联结，促进更充分的沟通。

（6）爱好为获取反馈创造了难得的机会。领导者身居高位，因组织层级的存在，很难获得及时、真实的反馈。而爱好能创造这样的机会，比如领导者与下属一起跑步、摄影，就能获得正式场合难以获得的反馈。

（7）爱好能够提升领导者的可信度。爱好会让一个领导者更加生动地呈现自己，通过他的生活故事来展现真实的自己，对下属而言可信度会更高。

（8）爱好让你成为一个更好的领导者。爱好能增强你的洞见力，让你的思路更清晰，从爱好中获得更多自己领导团队的灵感。它会让你变得更好、更完美，而不再那么单一和乏味。

总之，领导者一定要给自己留出时间来投入一项爱好，这样才能更好地开拓思路、丰富内心、与他人联结。

4.6 管理者的警钟

4.6.1 管理者不要给组织制造麻烦

管理者给组织制造麻烦，最常见的有以下八大行为。

（1）听了不该听的课，思维被带偏。

（2）选了不该选的人，人浮于事。

（3）配置了不该配置的人，让办公室政治扩大化。

（4）做了不该做的动作，打乱了组织的节奏。

（5）说了不该说的话，消解了团队的斗志。

（6）管了不该管的事，阻碍了下属成长。

（7）奖励了不该奖励的事，让奖励变成麻烦。

（8）处罚了不该不处罚的事，束缚了大家的手脚。

管理者要注意，别让自己的管理成为组织的麻烦。有些管理者，不管还好，一管就乱。<u>组织的最大悲哀莫过于管理者成为组织的麻烦制造者。</u>

4.6.2 领导者为何总干蠢事

盲目扩张、盲目多元化、不断上演"皇帝的新装"、坚守错误的决策、自大而无知、愚蠢且荒谬……我们身边的企业或组织的一些领导者[①]总会干出一些愚蠢的事情，让人大跌眼镜。一个普通人都能明白的事情，为什么这些领导者总是违背常识去做决策？

第一，脆弱的高层。成为领导者后更脆弱而不是更强大，这是不是很反常识或反直觉？领导者成长有三个重要阶段：基层领导者关

---

① 这里的领导者指企业的中高层，尤其是高层和老板。

注自己；中层领导者关注他人；中高层领导者完全自我管理。中高层领导者需要极强的自我管理——自我约束、自我变革、自我精进。然而，这是有违人性的，喜欢待在舒适区、享乐、松懈是人的本性。因为有绝对的权力，中高层领导者很容易形成地位性懈怠和权力性放纵，从而加剧人性之恶。越往高层走，他们越外强中干，出问题的概率越大，因此变得更加脆弱。实质上，相对于普通人，中高层领导者更容易犯错。他们有更多机会犯错，也更可能不让错误被发现，甚至坚守错误。

第二，战略性失误。《论大战略》一书中说："战略是目标与能力的平衡。"很多领导者因野心勃勃的大目标而摧毁了组织。他们的荒谬决策，不接地气的大战略，让组织动作变形、变异。我们要警惕打鸡血似的领导者——动不动就要全国第一、全球第一、市值千亿、开遍全球或改变世界等。<u>他们的野心往往是组织灾难的源头。</u>领导者为什么会有不着调的野心？他们难道不知道自己和组织的能力不足以支撑吗？是的，他们不知道。人都容易高估自己而低估别人。而领导者因过去取得的成功或者暂时性的成功，变本加厉地高估自己，神化自己，甚至把自己当成宇宙中心。

第三，远离一线。中高层领导者慢慢地会远离一线，对一线和市场的洞察能力变弱，很容易变成待在办公室里论天下。"运筹帷幄之中，决胜千里之外"只是一个美好的期待。<u>领导者的决策或战略，不能完全依靠理性思维或硬性数据，它需要对一线的感知。</u>好的战略决策，一定是源于领导者理性与感性的综合，以及硬性数据分析和软性组织信息，如员工情绪、团队氛围。领导者远离一线，不深入业务现场，必然决策荒谬，必然变得愚蠢。

第四，思考上的不作为。中高层领导者时间自由，应酬变多，具体工作变少，同时组织对他们的监管也会减弱，你看谁敢管领导？他们的懈怠、不作为，是很难被发现的。更重要的是，中高层领导者的任务是不断发现组织的问题及思考如何解决，以及不断进行自我反思。然而进入领导者行列后，很多人就开始思考上不作为，他们要么在原来自己的优势业务上寻找存在感，要么忙于一些无价值的应酬。

第五，信息茧房。人都想听自己希望听到的，下属就报喜不报忧。还有因为考核或者组织文化，组织正常的信息流通也会被干预，最终到领导者那里的信息是被管理者层层筛选过的。这样，中高层领导者听到或看到的，要么扭曲、要么失真。**组织层级以及管理者共同构建了一个个信息茧房，让领导者可能永远只能接触到自己想看或想听的信息。**

4.6.3　虚假繁忙与伪勤奋

管理者都很忙，从一个会议到另一个会议，从一项事务到另一项事务，从一个问题到另一个问题。在一堆乱麻中游走，时而有序、时而混乱，但对大多数管理者来说，似乎混乱多过有序。很多管理者认为这是常态，甚至一些管理学家也认为这是常态。他们觉得管理者并不像理论上说的那样，在计划、组织、领导和控制。

然而，管理者这种忙乱的状态不应该是常态，理想的管理状态就应该是计划、组织、领导和控制。管理者忙乱的状态是组织和管理者联手制造出来的虚假繁忙。

组织要求管理者尽可能多地做事情，不允许他们有过多的闲暇，以为这样就能更好地保证组织绩效。组织为此会拿以身作则、执行力、务实勤奋这样的标准来评价管理者的工作。在这样的评价下，管理者会更加飞速地运转，"慌不择路"。管理者自身在一个个问题和事务面前过度反应，不思考、不反思、不变革，低水平重复、路径依赖⋯⋯

可以说管理者的忙乱，是被文化和考核逼出来的伪勤奋，他们并没有真正在工作，没有真正发挥管理的职能。

很多企业容易被带偏，容易做无用功，容易事倍功半，容易错误用人，这些都是伪勤奋导致的。做任何事情都不能停留在表面的术上，而要深入思考底层逻辑和价值观。为了把企业做好，很多老板愿意花钱让自己和团队出去学习，听各种课，去别的企业考察，勤奋和大度得令人感动。有效吗？并没有。别把盲目的学习当真理，管理企业肯定离不开学习，但一定得是真学习。真学习就是敢于面对问题并动真格地去解决问题。听课和考察只能获得信息和启发，而且未必是有效信息和正确启发。

4.6.4　不要扮演权威

一项研究发现，人们不仅会因为权威式管理风格而感到恼火，而且有可能因此辞职。权威式管理风格会否定、打压下属的思考、工作方式，对下属充满控制、命令、要求，甚至颐指气使、讽刺、揶揄。更糟糕的是，领导者有可能不懂装懂，对下属工作指手画脚。

扮演权威容易获得存在感，因此很多领导者会陷入"权威"的泥潭而不自知。这种管理风格会让下属失去存在感，感受到压力和不被信任，非常不利于团队发展。如何避免权威式管理风格？

（1）通过反思克服领导者的自恋，把自己拉下神坛，正确地认识到自己不是全能的。

（2）学会看到下属的优点，鼓励、认可并加以放大，懂得"扬长"才能更好地让下属施展他的领导力，而不是"避短"。

（3）懂得信任是调动下属的核心利器，而非控制。

（4）回顾自己还是下属时犯的错误、经历的磨炼，找回同理心，以防把自己经历的事情加到下属身上。

（5）人无完人，别拿自己的优点、经验与下属比，每个优秀的人都是时间的产物，没有沉淀怎么可能走向卓越。

（6）**到一定地位的人都容易屏蔽反馈，会把成长的机会点丢进垃圾桶**。对他们来说，舒服比成长更重要，面子比进步更重要。领导者要为团队而变，克制屏蔽反馈的人性弱点。

4.6.5 警惕懈怠

优秀的管理者一定不会满足于现有的工作成绩，也不会给自己放水，更不可能懈怠。很多管理者随着职位上升、权力变大、收入增多，就开始满足于现有的成绩，出现懈怠，如果不加克制，就会养成习惯，为日后的危机埋下隐患而不自知。

高处不胜寒。管理者在成长的过程中，随着职位、地位、收入越来越高，其实面临的危险也越来越多。因为，任何企业或组织都不会花高成本养一个不作为的管理者，企业随着变革的需要，会淘汰很多老的管理者。

因此，作为一名优秀的管理者，时刻要提醒自己，每一天都是新的开始，每一个行为都是一次考验。要严谨、认真、务实，并不断自我否定、自我变革，如此才能真正胜任自己的工作。

每个人都有盲区，这跟年龄、智力、阅历没有关系。不要那么确定自己的观念、结论，很可能是自己没搞懂、没搞清。管理者要真正地自我开放，敢于质疑自己，接受大家的反馈，面对批评。如此，才能保证你的决策尽可能正确。

4.6.6 自我是领导者的大忌

自我是领导者的大忌，尤其是身居高位的领导者。它体现在：不守时、不守规则、不守约、不尊重别人等。我们可以在身边发现很多以自我为中心的领导者，他们把自己神化，把自己端起来，强调自己的权威，无法接受别人的否定和质疑。这种自我的状态，会给团队带来灾难，使权威大行其道，决策完全片面化、视角窄化，群体的智慧被打压。

<u>但凡一个优秀的领导者，尤其在今天这个时代，一定要学会放下自我，学会质疑自己，走进一线，弯下腰来做事。</u>有能力和经验不一定能做成一件事，好的态度、认真做事的精神才是最关键的。及时的自我否定和自我怀疑是成长和进步的良药。

4.6.7 克服两个致命弱点

领导者要克服的两个致命弱点是恐惧与自恋。这两个特质，领导者身上都有，只是程度不同。

恐惧体现为怕失控，怕别人做不好，担心别人捅娄子。一般来说，只要是领导者，都有一定的控制欲，也正是这样的特质，才使得他们能很好地掌控团队。然而，不对这一点进行克制，也会阻碍你领导团队。因恐惧而产生的极强的控制欲，很容易衍变成凡事都亲力亲为，导致你无法领导更大的团队，也会使下属难以获得成长。

自恋体现为认为自己都是对的，别人都不如自己，过度相信自己，固执己见。性、攻击性、自恋是人的三大动力。一定程度的自恋容易让人产生能量感，而自恋过度就变成了自负。自负会让领导者越来越固化，甚至践踏下属的尊严以获得自己的成就感。

恐惧和自恋会阻碍领导力的发挥，不利于挖掘团队潜力。领导者只有不断克服这两个人性的弱点，才能更好地领导团队。

4.6.8 管理者需要警惕的四种状态

管理者遇到问题时，要注意下面四种状态：

（1）抱怨。总觉得是别人没做好，才没能保证工作结果。

（2）指责。把一切问题产生的根源指向他人，撇清自己的责任。

（3）找借口。不想方法，而为问题寻找看似合理的理由或借口。

（4）逃避。避而不谈，不敢直面问题。

4.6.9 "管理随意化"不是无知，而是一种恶

管理者是下属成长和组织发展的天花板，然而这个天花板往往是缺失的，以至于让下属和组织经历"风吹日晒"。天花板矮，还可控，下属和组织顶多成长得慢一点、难受一点。而如果天花板缺失，就是大灾大难。所谓的天花板缺失有两个含义：

（1）越界。管理者没有界限，不划定自己的工作范围，从工作越界到团队伙伴的生活中。干涉下属的自由、选择、价值取向。管理者没有边界感，时刻越界，他们的存在是下属的大敌。

（2）四大恶。管理者不发挥职能，组织会混乱；而他们乱发挥职

能，组织会破败。把简单问题复杂化、把小事件扩大化、把管理运动化、把管理随意化是最为典型的四大恶。

其实这四大恶，都可以归为管理的随意化。无视客观真相、常识、人性的温情，完全从自我维度去思考，进而陷入致命的理性的自负。理性的自负，就是领导者并不是不知道别人的苦难和难处，只是他们把自己的目标和任务凌驾于一切之上。"管理随意化"不是无知，而是一种恶！人文关怀才是一切的根本，管理要始于人性并回归人性。

4.6.10 避免"管理三化"

在管理中，大多数管理者都是经验化、随意化、情绪化的。

（1）经验化：做管理十年，依然按照第一年的方法在管理。

（2）随意化：想怎么来就怎么来，不深度思考如何变得更高效。

（3）情绪化：开心了就管，不开心了就骂。

管理要结合具体的情境、用科学的方法。而这"三化"会让你难以入管理的门。管理者有两项基本工作：定目标和构建管理系统。第一，你要不断给自己定目标，给团队定目标。一个管理者，如果没有目标思维，就像断了线的风筝，只会乱作为。第二，管理者要当建设系统的工程师，构建管理系统，用系统而不是凭经验、随意地去管理。

4.6.11 不要轻易下结论

下结论是阻碍成长的罪魁祸首。人都喜欢确定性，无法容忍模糊性和不确定性。获得确定性的答案和结论，会让我们少些焦虑和紧张，也会减少大脑的运行负担，使自己轻松舒适一些，这是人性。正因为如此，所有人都喜欢下结论。然而，结论一下，你就会停止思考，也就关闭了学习的通道。

首先是阻碍了自己成长；其次，你的结论也会影响他人，甚至关闭他人的思考通道，也就阻碍了他人成长。喜欢下结论，就容易决策失误，失去开放性，减弱创造力，也会封闭下属的言路，最终会使你的领导力大打折扣。

随意下结论，就是停止学习的体现。保持思想领先，才能推动企业持续发展。企业老化，往往不是因为你不想革新，而是你自己的思想老化，难以产生新想法，跟不上新时代。管理者要保持思想领先，就得先开放自我，用足够的好奇心去对待周围的人或事。万不可轻易下结论，或随意地否定自己不接受、不认可、不懂的事情或观点。

真正有水平的管理者，不会轻易下结论。管理由三个要素构成：主体是管理者；客体是管理对象（事或人）；情境包含具体的时间、空间、环境。这三者，管理时都要考虑到。因此，我们可以看出，没有任何一个管理方法可以包打万物。<u>真正有水平的管理者，一定不会轻易下结论，因为只有了解了主体、客体和情境，管理才能真正有效。</u>

4.6.12 防止卓越强迫症

人的成长是一种平衡。大多数人都有自卑情结，这跟生长在贫穷家庭还是富裕家庭没关系。可以说，这是人性深处的一个情结。很多人把自卑看成是负面的，认为自信才对。因此，他们会掩饰自己的自卑，要么变得自负，要么变得执拗。

心理学家阿德勒认为自卑可以促进一个人追求卓越，它能帮助一个人成功。同时，他也强调，要防止变成卓越强迫症——不优秀便不值得活。经常听到那句话"成为更好的自己"，其实就有卓越强迫症的味道。**我们应该更好地成为自己，成为那个独一无二的自己。发挥自己的优势，万不可拿别人的优势对比自己的劣势。**

在成长的路上，不要否定自卑，但也不能过度追求优秀。一味地追求优秀，人就容易攻击自己，会不断地否定自己。长期自我攻击，就会使一个人变得分裂，不利于人格的完整。我们在成长的路上，既要看到自己的不足，也要时刻肯定和激励自己。这样，内心才能强大起来，才能更好地领导团队。

第五章

管理的艺术

5.1 管理的功夫在管理之外

5.1.1 人文科学的启示

"单纯在管理学领域下功夫的人永远不可能成为卓越的管理者。管理是关于人的实践学科,一切管理动作背后都是关于人性的理解和洞察,这需要越过管理学去看管理,那就是学习人文学科。管理的功夫在管理之外,在人文精神里。

"好的管理往往在管理之外。你对这个世界和人的理解,以及你的价值取向,决定了一大部分管理实践。有没有悲悯之心、有没有利他之心,这些往往比真正的管理技术更重要。我们是时候抛开管理的表象,思考管理背后的东西了。"

看到李静睿写的这段话,深有感触。对他人的经历和处境缺乏共情能力,失去感受力,你自己的生活也会成为地狱。因为,你会陷入虚无、自私、自我等人性之恶的深渊，活得没有人味。这样的人怎么可能成为好的领导者呢？

然而，在今天这个物化的时代，企业或者领导者都开始盲目地追求利益和效率最大化，慢慢失去人味。组织因此变成冰冷的机器，领导者变得自大自私。在这种现状和底色之下，很难有好的管理。好的管理往往在管理之外。在哪里？在人文精神里，就是对他人的经历和处境抱有理解与痛感，能关注到人性深处的善，并去激发更大的善。

管理的道理没有那么复杂，更多的是常识，而管理的实践是复杂的，因此即使你懂了很多管理的道理，也可能依然做不好管理。不断实践，不断复盘，然后积累最优实践，才是管理的王道。读了一些论文、看了一些书、研究了一些案例，就想当专家指导别人干管理，简直就是痴心妄想。

5.1.2 左手科学，右手人文

管理是一门比较综合和复杂的学问。综合，是它既有理性的成分，要讲科学、讲逻辑；也有感性的成分，要讲人性、人文、情感。要做好管理，既要学习理性的管理理论，也要学习一些人文学科，比如文学、艺术。**理性能让你科学决策，感性能让你更通人性，也能更好地提升直觉力。**其实很多时候，尤其是在高层，做决策都是基于人文的直觉，并非科学的逻辑推理。复杂，是它既有可参考的理论，同时又具备无限的实践应用。同样的理论，在实践中运用起来，会有不同的转换和调整。

卓越的管理者需要打好两个地基：第一，磨炼管理的手艺，管理是实践的手艺，需要多实践，在解决问题的过程中去磨炼自己的手艺。第二，具备人文精神，把每个个体当成活生生的人来尊重，尽可能地做到平等，同时给予下属充分的基于纪律的自由。

做管理，对一个人综合能力要求较高。懒人做不了管理！做管理后，你就"永无宁日"，没有高枕无忧的时候，时时刻刻要学习，时时刻刻要变革。做管理就像把自己放在火上烤，既不能被烤化，也不能跳下来。而这也是管理的魅力所在，时刻充满挑战和突破。

5.1.3 理性和感性的平衡

管理是人文学科，不是自然学科，所以天天去研究模型和变量没用，研究理论也没用。你得研究人，人文学科的地基是人，对人的理解和感知能力是基础。做管理不能只靠理性，它必须对理性和感性进行平衡。你不能从一个维度看世界，要多维度看世界。因此，做管理不仅要有逻辑、论证、理论、数据等理性因素，也要有艺术等感性因素。你不可能样样精通，但你得有这样的视角。科技与艺术结合，才能出好产品，而理性与艺术结合才能更通人性，才能精于管理之道。

人是在理性和感性的平衡中不断成长的。过于理性，你会变得刻板，失去生活情趣，人很容易无趣乏味。过于感性，你会变得过于活泛，失去原则性，人很容易过度敏感。我们要讲逻辑，讲严谨，同时生活中还要有诗和远方。要学习德鲁克的管理著作，也要读读诗、听听音乐、欣赏绘画作品。做管理者，既要有铁骨铮铮的刚性，也要有"感时花溅泪"般的柔骨情肠，不断去除虚伪，活出人的味道，以此洞悉人性并激发人性。

5.1.4 管理学和社会学的根基都是心理学

管理学和社会学的根基都是心理学，有扎实的心理学根基，才能

<u>更好地洞悉人性、激发人性</u>。我认为，现在的管理学家不应该花那么多精力研究哲学和概念，而是要投入到心理学的研究中。清华大学经济学教授宁向东说："心理学是管理学的一门伙伴学科，这其中的原因，我反复强调——了解'人'是管理学的基础。"了解人，了解人性，才能更好地进行管理。不通人性者，永远也无法领导好团队。

心理问题接下来将会成为这个时代最大的问题，它比身体疾病更严峻，不容忽视。心理学将成为一门基础学科，人人都得用、都得学。而从事管理的人，更需要掌握心理学，否则根本无法洞悉人性，也就无从管理。摆在我们面前最大的问题：并不是所有人都有时间或精力去学心理学专业课程。怎么办？

（1）让自己碰触社会，在人与事中磨炼，然后反思并调适自己。

（2）学会琢磨自己，感受自己的心理活动——身体感受和情绪流动，也就是学会不带批判地自我觉察。我们人的心理往往由三个层面构成：身体与情绪层面；思维层面；语言层面。最直接的心理活动是身体感受和情绪流动，而思维和语言都是头脑加工过的。能觉察到身体感受和情绪流动，那就能更深刻地洞悉自我。

（3）写日记，记录自己的所思所想所感。记录就是更好的发现，日记也是最好的自我调适工具。心理学是研究人性的学问，管理学是研究组织人性的学问，两者殊途同归。洞悉人性、释放人性、活出人性，既是心理学的目标，也是管理学的目标。

5.1.5 "人本主义"管理

微软现任 CEO 萨提亚·纳德拉强调自己并非只是技术专家和管理专家，还是一个"人文主义者"。他曾帮助微软在历史上第二次实现市值超过 6000 亿美元。

好的领导者一定要具备人文主义情怀，对人和文化的关注也许比技术和管理更重要。维基百科关于人文主义的定义：人文主义又称人本主义，是一种基于理性和仁慈的哲学理论的世界观。它是随着文艺复兴和科技进步而发展起来的与宗教神权文化对立的思想体系。赫拉利在《未来简史》一书中提出，人文主义倡导我们崇拜人性，用人性取代过去宗教里神的位置，用人的体验，给外部世界制造意义。纳德拉说："每一个人、每一个组织乃至每一个社会，在到达某一个点时，都应点击刷新——重新注入活力、重新激发生命力、重新组织并重新思考自己存在的意义。"这是一个推动组织变革的领导者必须具备的观念，刷新组织，甚至让组织脱胎换骨。

萨提亚·纳德拉在其著作《刷新：重新发现商业与未来》中戏称，他在微软的第一个头衔是"布道者"，不断传播新理念，他用一页纸定义了微软的使命、世界观、愿景和文化。他说："每次讲话前，我都想更改一两个单词，或者增加一两行内容。然后，我会提醒自己，一致性胜过完美。微软在之前的几年里，将太多的时间用在解释这个庞大的公司及其战略上。我们需要一种共识。建立简单框架有助于将公司的理念贯彻下去。"

纳德拉的这一观点值得借鉴。很多公司喜欢把企业文化写得长长的，各种界定和阐释，但他们的领导者根本不相信他们的文化，或者所谓的企业文化只是前后矛盾的观点集合。这些文化只是一些好听的概念，无法投入实践，是无法推动组织发展的。

5.1.6 来访者中心疗法

罗杰斯被公认为人本主义心理疗法的代表。人本主义心理疗法是现代心理治疗中的"第三种势力",采用的途径与心理动力学和行为疗法不同,认为不正常的行为,不能光靠探求无意识记忆或者改变反应来纠正,相信病人只要得到治疗者的温暖和鼓励,发挥出他们内在的潜力,完全有能力做出合理的选择和治疗他们自己。来访者中心疗法,有以下六个基本概念。

(1) 真诚的治疗关系:咨询师与求助者之间的关系应为诚恳的、自然的,使求助者在无戒心的环境下接受治疗。

(2) 积极回应:咨询师态度真诚,而非假装关注求助者个人的问题。

(3) 无条件积极关注:对求助者的陈述,不带批判性的态度,亦不反对或赞成,仅接纳和认同、关怀求助者。咨询师在咨询过程中,应给求助者宾至如归的感觉。

(4) 同理心:咨询师倾听求助者自述后,站在求助者的角度,设身处地地体会求助者的内心世界。

(5) 沟通:求助者能够感受到咨询师的理解和接纳。

(6) 一致性:咨询师对求助者能做到内外一致的接纳和关怀。

新时代的管理完全可以借鉴人本主义心理疗法的思想。

(1) 真诚的管理关系:管理者与员工之间的关系应该为诚恳的、自然的,让员工在无戒心的状态下工作。

(2) 积极回应:管理者要真诚,不能把员工当工具,不要假装关心员工的问题或成长。

(3) 无条件积极关注:对于员工的问题,不要动不动就批判,要去接纳、认同和关怀。

(4) 同理心:管理者不要光站在自己的立场做事,而是要设身处地理解员工。

（5）沟通：充分地沟通，让员工感受到管理者的理解和接纳。

（6）一致性：管理者对待员工要内外一致、表里如一，不能虚伪。

在管理实践中，很多管理者接受的是以斯金纳为代表的行为主义心理学的影响，就是通过激励等刺激来强化员工的行为，即"胡萝卜加大棒"。进入互联网时代，人本主义心理学的理论，能给我们带来更多管理上的启发。

5.2　洞悉人性

5.2.1　人性是管理的起点

人性是管理的起点，要以人性为根基思考管理；人性也是管理的终点，要以人性为终点看管理的成效。管理失去理性，会失去很多，但失去人性，就会失去一切。管理者的自负与自我，必然要为之买单。

你的行为构成你的命运。这个世界从来都不是一个孤岛！正如乔布斯所言："你在向前展望的时候不可能将这些片段串联起来；你只能在回顾的时候将点点滴滴串联起来。所以你必须相信这些片段会在未来的某一天串联起来。"管理者的点滴行为最终都会勾连在一起，构成你的命运。当你无视下属的存在和苦难，无视组织的活力，当你看不到团队深入骨髓的恨时，你就是在自掘坟墓！

历史的偶然性决定历史的必然性。组织在发展中，会遇到一些偶然事件、突发情况，它让组织朝向一个理性可判断的必然趋势发展。回顾过去，似乎都是一个个偶然事件甚至意外，构成了你今天必然的自我。偶然中蕴含着必然，必然存在于偶然又会再造偶然，同时形成新的偶然。你今天的决策，尤其是恶的决策，一定会被钉上耻辱柱！

管理者醒醒吧！如果我们只是无知——决策需要信息，但大部分决策需要的信息是不完备的，存在着缺失。特别是，越是重大的、一次性的决策，信息缺失越严重。并且，信息是分散的、主观的、个体化的。这就是哈耶克讲的无知（ignorance）——那还可以被理解。如果我明知不可为而为之——道德沦丧，我们的决策会构成他人之苦难；明知是错而坚持，明知他人痛苦而无视……那么我们的恶会被钉上历史的耻辱柱。

管理就是要洞悉人性，制度设计要顺应人性、激发人性、释放人性，这是今天管理最大的挑战。传统的管理逻辑，大多是压抑或摧残人性，逆人性而为。今天很多管理思路，受传统的所谓科学管理影响较重，因此很多管理者不自然地会回到过去。

今天是一个更讲究创造力和自主性发挥的时代，靠传统的自上而下的管理已经难以实现这样的目标。我们必须设计出机制，让大家自下而上地发挥自己的能动性，让大家充分地释放自己的能量。

因此，要结合具体的管理情境重新思考很多原有的管理逻辑，这又是一大难题。因此，今天这个时代，其实对管理者提出了很多新的挑战，让今天从事管理的人变得困难重重。想做好管理，需要真正地开动大脑，深度思考才能真正适应今天这个时代。

传统的管理方式，不是很快会不行，而是很难有未来。

通过洞悉人性，在管理中你才能抑恶扬善，最终把组织导向正向之流，而不是恶之深渊。洞悉人性最好的学问是心理学，但实际上不可能学了心理学才去做管理。对大多数实践管理者来说，也没充足的时间和精力去学心理学。洞悉人性有两条秘诀：

（1）人性之光。找到最美、最善的人性特质，努力去做到，如与人为善、知恩图报、真诚等。当然，更高阶的就是激发组织的善意。正如德鲁克所言：管理的本质是激发每一个人的善意。

（2）洞悉自我。人性的本质是相通的，学会洞悉自己的人性，就能推己及人。搞懂了自己也就搞懂了他人。那么，如何洞悉自我？

第一，写日记。记录自己的真实想法，揣摩自己的内心活动和意图。

第二，反省。反思自己的起心动念，找到自己行为背后的底层假设或价值观念。

第三，自我三连问。我是谁？我从哪里来？我要去哪里？尝试回答这三个人生哲学问题。

5.2.2 顺应人性，抑恶扬善

人性具有相似性，人性也是复杂多元的，每个人都会展现出人性不一样的一面。因此，只有对人性的复杂有足够的体验、认知，才能更好地理解、洞悉人性——通人性。

你的性格、经历、学习背景、成长环境会决定你对人性的认知。性格单一、经历单一、学习背景单一、成长环境单一的人，对人性的理解就会浅薄。领导者在一定程度上需要有复杂性——经历人性的复杂或认知到人性的复杂，才能领导更多人。

我们自认很理性，我们能理解自己，也能解决很多复杂的问题。然而，现实的荒谬让我们明白，人的非理性超越理性。比如：你明明错了，就是不承认，还要拼命狡辩，用谎言、借口来掩盖事实或逃避责任。因此，需要通过制度、规则来约束人的恶、激发人的善。

怎么了解人性？深入了解自己，把自己读懂，也就能读懂他人。"己所不欲，勿施于人！"你不想做的事情，别让团队做；你渴望的东西，也是团队渴望的，比如获得认可。**每个管理者都要变成一个人性的矿工，深挖人性的矿井。离开人性谈管理，就像拔自己的头发一样难！**理解人性，从理解自己开始。我们大多数人，对自己的理解，不足50%，甚至不足10%。我们往往认为自己最了解自己，其实我们真的不那么了解自己。否则，还需要心理学干什么？

了解人性是一项长期而艰难的课题，因为人性是复杂的，没有一定的心理学常识，很难做到洞悉人性。心理学是管理的基石，也是洞悉人性的基石。心理学家武志红说："我深信自己的文章和工作能帮助别人，是因为我一直在锲而不舍地弄懂自己的生活。"从自身入手去觉知、觉察自己的人性，一通百通，你也就能慢慢地理解他人和洞悉他人。不断在实践中去检验，你就能成为人性高手。懂得了人性，一切管理难题都不再是难题。

5.2.3 克服人性的劣根性

管理不是一件轻松的工作，因为它需要逆人性——克服自私与懒惰。这两点也是人性中最难克服、最顽固不化的特质。特别强调一下，做管理对别人时，更多的是顺人性或释放人性，万不可逆人性。管理者在工作中，首先要克服人性的自私，要敢管；其次要克服人性的懒惰，要敢干。

（1）克服人性的自私，敢管。做管理必然会面临冲突，遇到问题你要反馈，遇到错误你要批评纠正，遇到突破底线问题的你要淘汰。你表扬某些人，也会引发另一些人的不满。这些都是在管理中常遇的情境。更难的是，你要引领变革，带领团队突破舒适区。你还要帮大家树立更高的目标，以挑战现状。当团队是一潭死水时，你要制造危机，打破平衡，以激发团队活力。

作为管理者，你要去应对冲突，同时激活团队，不能让团队过分舒适。这就需要你克服自私，敢去管，因为，人性深处的自私会让你不想得罪人、不想面对冲突、不想让自己焦虑。只有克服了人性的自私，去反馈、去批评、去纠正、去淘汰、去变革、去挑战，才能真正激发团队活力，让团队保持斗志。

（2）克服人性的懒惰，敢干。引领团队打胜仗是对团队最好的激励。管理者需要不断带领团队取胜，要么是攻克难题，要么是完成一个个目标。管理者的价值就在于不断创造价值——提高团队效率或创造成果。守旧、停留在舒适区，这是管理的大忌。只有冲破一切障碍和困境，不断创造价值，管理者才有存在的价值。这就需要管理者克服人性的懒惰，敢干敢拼。作为管理者，你要知道什么该干、什么不该干，而不是你想不想干或愿不愿干。

管理不是知识型工作（但管理者是知识工作者，知识型工作与知识工作者是有区别的），而是实践型工作。停留在知识和想上，不去行动，根本不可能做好管理。

5.2.4 不当管理触发人性之恶

德鲁克讲：管理就是激发人的善意。人性深处都是有自尊、有使命感的，这点我坚信不疑，只不过大家没有找到或者说被自己扭曲的心理给消磨掉了而已。

麦格雷戈说："组织中，人们互相合作的限制并非来自人类的本性，而是源于管理方法不当，不知道该如何充分利用人力资源的潜力。"也就是说团队中的互相拆台、不当竞争、钩心斗角、社会性怠惰、逐利盛行并非源于人的本性，而是管理的方法和机制出了问题。

组织中的人性之恶在一定程度上是被管理激发出来的。但很多企业和管理者不这么认为，他们把团队种种人性之恶归于人性本身，而不反思企业文化、管理机制。大多数企业的管理可以说是逆人性而为，用大量的手段控制员工，却要求员工创造出需要发挥自主性才能产生的结果，这真是天方夜谭。

管理一定得基于人性，因此了解人性是管理的入门课。只有了解人性，才能更好地激发人性，而不违背人性。尤其在今天这个充满创造力的时代，把人当物品一样管理是企业最大的浪费。管理者必须学会激发团队的内在热情、激情、意愿，这需要通过了解人性来实现。

人会随着管理的松懈而走向怠惰和私欲膨胀，人很难在没有监督的情况下完成自我进化。企业要做好监督，用好的制度抵制人性之恶。同时，每个人自己也要学会用环境和氛围的力量督促自己进步。

5.2.5 人情社会

所谓人情社会，也就是要擅长搞人际关系，以关系为核心生存法则，而忽视契约和规则。在一定程度上，我们就是一个熟人、亲人交互的关系社会。这导致一些人在做事时，首先会以关系来衡量，而忽视对错、是非、正负。因此，会失去公平公正，把人情凌驾于一切之上。而把人情带入管理，就会形成最难克服的"管理陷阱"。在管理过程中，我们必然要面对以下问题：反馈、沟通、处罚、变革、冲突、矛盾等。而这些问题，都会破坏以人情为根基的关系。它们会破坏所谓和谐的人际关系。

管理者需要面对焦虑、愤怒、恐慌、害怕、担忧这些负面情绪，进而调动自己积极、正向，且组织需要的情绪，这就是组织行为学讲的"情绪劳动"[⊖]。你在管理过程中，会面对很多让你不舒服的事情、让别人讨厌你的事情，但因为职责和角色的要求，你又不得不面对、不这么干。管理者在管理过程中，很多时候是逆自己的人性，也就是要克服那种人性深处的过度自尊、自利、自私。然而这是很难的，一不小心就会掉入人情的陷阱，而无法真正按管理职责开展工作。如何克服人情的"管理陷阱"呢？

（1）清楚自己的角色和职责。更好地履行管理者的职责。

⊖ 组织行为学名词。情绪劳动是指要求员工在工作时展现某种特定情绪，以达到其所在职位工作目标的劳动形式。

（2）提升自己的格局。时刻站在组织和岗位的立场考虑问题。

（3）以制度和标准开展工作。抛开人情的枷锁，以制度和标准开展工作，脱离个人的利益和感情，公平公正地处理问题。

5.2.6 谈人品

很多人都喜欢谈人品，如人品是人才选拔的核心考量，要德才兼备之类的。其实，人品是很难衡量的，且非常主观，没有绝对的好人品。有些人显得比较好，可能只是他的恶没有暴露罢了；而有些人显得比较刺眼，也许并不是人品问题，只是个性让你难以接受。

优秀人才或人品好的人，是制度和环境的产物。 组织发展就是要健全制度，让人好的一面呈现出来，抑制恶的一面。人是一面天使一面魔鬼，你看看自己内心深处就知道。别太相信人性，也别去考验人性。唯一能做的就是，通过制度和管理减少大家犯错误的机会，同时增加大家犯错误的成本。

5.3 管理的智慧

5.3.1 管理是门手艺

叔本华说:"真正的哲学并非只是用抽象的概念编织而成,而只能建基于观察和经验……哲学一如艺术和文学,其源泉就是对这一世界的直观把握。"哲学如此,管理学更是如此。<u>真正优秀的管理思想,不是停留在对概念的探讨和论证上,而是基于实践的直观,是你的观察和经验所构成的深刻认知。</u>

我不得不再引用叔本华的一段话:"一个人认识力的成熟,亦即每一个体认识力所达致的完美,就在于他所掌握的总体抽象概念与他的直观理解能够精确地联系起来,以致他的每一个概念都直接或非直接地有着某一直观知识的基础;也只有这样,他的这一概念才有了真实的价值。同样,认识力的成熟也在于他能够把获得的直观知识纳入正确和适当的概念之下。这种成熟只能是经验的产物,因而也就是时间的产物。"

那些纸上谈兵的所谓专家、大师、教授、学者,收起你们那傲慢的智识优越性或学识优越性吧,管理不是空谈概念或论述大道理,对管理的认知只能基于直观体验,而不是从书本或论文中获得。你们去真正感受一下管理的现场,看看你们有多少荒唐的谬论!<u>管理智慧源于直观体验,而非概念或数理模型推理。</u>

明茨伯格认为管理是科学、艺术、手艺三个层面的综合,这个总结很接近管理的实质。其实,管理应该是科学和手艺的综合和平衡。为何我要去掉艺术?因为它有些玄妙,且大多数管理者还到不了艺术的层面——少量高阶管理确实需要艺术的成分。科学就是理论、工具、方法论层面的探讨,从这个维度来说管理有科学的一面。目前一些管理大师和专家都在科学这个层面研究,在管理的手艺层面研究的很少。为什么?

难嘛!科学层面,搞一些变量、模型研究多简单。而手艺层面,需要实践和观察,甚至长期跟踪,它需要田野调查,最好亲自种田,做起来自然更难。然而,真正的管理,手艺层面比科学层面更重要。不懂科学层面,一样可以做好管理;不懂手艺层面,管理一定做不好。所以,我要做的事情就是弥补管理手艺研究的不足,希望为管理实践做点贡献。

有时在工作中或生活中,我们会充满焦虑、烦躁的情绪,这是因为自己想要的太多或想得到得太快。你总希望获得更多成果,或总想立即获得成果,就容易导致心理失衡。要想获得全然沉浸于当下的感觉,即心流,就需要专注于当下和眼前,不悔恨过去,不焦虑未来。更需要一件事一件事有节奏地去做,不贪多求全,一次做少一点、做精一点。管理者总会面临烦杂的事务,如何有节奏地专注于当下的每一件事,同时能保证工作质量,也是学习管理手艺的要点。

5.3.2 寻找意义

大多数人从追求目标中寻找意义,他们把意义寄托在高于生活现实的宏大事件上,因此就会很纠结。他们永远在追寻而不能沉浸于当下。而优秀的领导者能从每个当下中寻找到意义,而不是把意义寄托在宏大事件上。他们也能激发下属在当下寻常的工作中寻找意义。

每个有意义的当下积累起来起的未来。我们根本不需要去追求什么未来，把当下可。真正有意义的并不是未来的目标，而是当下鲜活的下、追求未来，是舍本逐末。

《小王子》中有这样一段话：一艘船，先不要雇人去收集木头，也不要给他们分配，激发他们对浩瀚汪洋的渴望。"这就是意义和目标激励找到意义和方向后，大家就会由被动转化为主动，力了。

5.3.3 无为而治

德鲁克说："管理的本质是布管理的最高境界是不用管理。要达到这个境界，管发被管理者进行自我管理。而自我管理的前提是，管每个部属的长处，并为他们立下近期与远期的目标，；然后，再针对每个人的弱点，定下对策，使他们同时，不至于受到弱点的牵制。"

很多时候，为了管理而管理的流程制约无法高效运转。管理就是为了提高效标，不断挖掘他们的长处，从而更好地激发大家进就是管理的最高境界——无为而治。

5.3.4 什么是摆人头

宁向东讲："领导者要学会抽学习摆人头。"什么是摆人头？就是发现人才、安排骤无非两条：

（1）确立组织的价值观和句话说，就是确立自己的价值观和发展方向，由此确定标准。

（2）选择符合条件的下属对性地培养。关键是要看他们处理重要事情的时候，段够不够；一定要给自己找一个备选助手，通过交作，来历练他们。

领导者须记得：组织规人头上的时间就越多，你要成为未来的领导者，就要自己摆人头。"一将无能，累死三军"，人没选好，再伤害团队，成为组织能力的破坏者，危害极大。

这是人力资源讲的：识、留人。<u>人是一切的根本，如果人不对，任何的管无济于事。组织要花足够的精力、时间、成本在人才试、不断考验，直到把正确的人选出来为止。</u>

5.3.5 论灰度

"灰度"这个词华为的说："灰度是常态，黑与白是哲学上的假设，所以我上走极端，提倡系统性思维。"做管理，一定要眼水至清则无鱼。

组织伴随着错误和问题建立一个毫无问题的组织。无论管理多么先进，着组织规模扩大，问题只会越来越多。组织由人构越容易暴露，因为人天生就是问题的产物，他们望、有情绪等。容忍错误和问题，别总以非黑即学会灰度思维，用系统思维看待问题显得尤为重要。

领导者如果没有灰度思维，非黑即白，只会让团队分崩离析。灰度是基于对人性的洞悉，在边界、原则、底线之内给大家犯错和试错的空间。这种容错率，能提振团队的创新精神，也能更好地赋能团队。

5.3.6 管理就是摸着石头过河

德鲁克说：有时一知半解比全然无知更可怕。一知半解，容易停留于表象或者片面理解问题，你觉得你懂了，其实你并没有懂。在这种错觉下，容易决策失误，容易犯错误。而全然无知时，你很难做决策，也就不会犯错误。这就是"有时"一知半解比全然无知更可怕的地方。

实际上，很多管理者在实践中都是摸着石头过河，就是在一知半解的情况下开展工作，通过不断犯错并复盘修正，最终走向全知全解。但是，重大决策必须在深度思考后，也就是全知全解后才能做出。而对很多管理活动来说，是通过在干中学，从全然无知到一知半解，最后到全知全解的。

一些专家或咨询顾问，甚至一些取得成功的大咖，分享成功实践经验时，会讲他们是如何通过系统规划、全然明白后才干出来的，这基本上是不可信的。就如同任正非讲：方向只能大致正确，组织必须充满活力。**很多成功的组织和企业家，就是在一个大方向的指导下，不断摸着石头过河，最终取得成功的。**